CB135587

Ciência, tecnologia e formação de professores para o ensino fundamental

FUNDAÇÃO UNIVERSIDADE
DE BRASÍLIA

Reitor
Lauro Morhy

Vice-Reitor
Timothy Martin Mulholland

EDITORA
UnB

Diretor
Alexandre Lima

Conselho Editorial
Presidente
Henryk Siewierski

Alexandre Lima, Clarimar Almeida Valle,
Dione Oliveira Moura,
Jader Soares Marinho Filho,
Ricardo Silveira Bernardes, Suzete Venturelli

CÓPIA NÃO AUTORIZADA É CRIME
ABDR
ASSOCIAÇÃO BRASILEIRA DE DIREITOS REPROGRÁFICOS
RESPEITE O DIREITO AUTORAL

Ciência, tecnologia e formação de professores para o ensino fundamental

O Letramento Científico e Tecnológico de professores no âmbito do Novo Modo de Produção do Conhecimento

Gilberto Lacerda Santos

EDITORA UnB

Equipe editorial
Rejane de Meneses · *Supervisão editorial*
Yana Palankof · *Acompanhamento editorial*
Jupira Correa · *Preparação de originais*
Elizabeth Araújo e Valdinea Pereira da Silva · *Revisão*
Márcio Duarte · *Capa*
Raimunda Dias · *Editoração eletrônica*

Copyright ©2005 *by* Gilberto Lacerda Santos

Impresso no Brasil

Direitos exclusivos para esta edição:
Editora Universidade de Brasília
SCS Q. 2 – Bloco C – nº 78 – Ed. OK – 2º andar
70300-500 Brasília-DF
tel: (0xx61) 226 6874
fax: (0xx61) 225 5611
editora@unb.br

Todos os direitos reservados. Nenhuma parte desta publicação
poderá ser armazenada ou reproduzida
por qualquer meio sem a autorização
por escrito da Editora.

Ficha catalográfica elaborada pela
Biblioteca Central da Universidade de Brasília

Santos, Gilberto Lacerda
S237 Ciência, tecnologia e formação de professores para o ensino fundamental / Gilberto Lacerda Santos. – Brasília : Editora Universidade de Brasília, 2005.
180 p.

ISBN 85-230-0785-7

1. Formação de professores. 2. Sociologia da ciência e da tecnologia. I. Título.

CDU 371.13

Aos meus filhos João Gabriel e Ana Alice.
Aos meus pais Alício e Ruth.

"... nunca [...] plenamente maduro, nem nas idéias nem no estilo, mas sempre verde, incompleto, experimental."

Gilberto Freyre,
Tempo morto e outros tempos, 1929.

Sumário

Agradecimentos

Elaborar e desenvolver um trabalho desta natureza é uma tarefa bastante complexa e árdua que, no entanto, pode ser extremamente prazerosa. Foi o caso na condução deste estudo, no qual tive a oportunidade de avançar e construir saberes nos campos da formação de professores para o ensino fundamental, da Sociologia do conhecimento científico e tecnológico e da educação em ciência e em tecnologia, saberes estes relacionados com questões que há certo tempo me preocupam por estarem intimamente relacionadas com minha atuação na formação de professores na Faculdade de Educação da Universidade de Brasília, em que trabalho na área de tecnologias na educação, tendo atuado anteriormente na área de educação e ciências. Tais questões dizem respeito ao processo de letramento científico e tecnológico de professores do ensino fundamental e à inadequação desse processo tendo em vista as necessidades de formação surgidas no âmbito do Novo Modo de Produção do Conhecimento, conceito proposto por Michael Gibbons e seus colaboradores. Foi um "percurso" prazeroso mas bastante árduo, ao longo do qual freqüentemente me empolguei no contato com conhecimentos novos, com autores novos, com pessoas de outras áreas de atuação, com meus alunos e colegas. E muito aprendi. E muito agradeço. Também interagi com problemas pessoais bastante complexos e árduos, que interferiram e dificultaram o andamento do trabalho, que modificaram minha própria relação com o mundo, problemas com os quais muito tenho aprendido e amadurecido.

Neste momento de conclusão do trabalho, agradeço e evidencio a competência, a clareza, a seriedade, o envolvimento, o interesse, a perspicácia, a elegância, o estímulo e os ensinamentos da socióloga dra. Fernanda Antônia da Fonseca Sobral, que orientou o desenvolvimento do estudo.

Tampouco posso deixar de mencionar que minha eventual contribuição para construir conhecimentos na formação de professores, por força das circunstâncias direcionados para a democratização do acesso à ciência e à tecnologia, é inteiramente dedicada à construção de um mundo melhor, mais humano, mais sensível. Um mundo onde não haja lugar para cenas de horror como as que aconteceram em Nova York no momento em que eu concluia este texto, com a destruição, por atentado terrorista altamente alicerçado no uso irracional do conhecimento científico e tecnológico, das torres do World Trade Center, causando a morte de milhares de pessoas. Horrorizado, perplexo e consciente do poder da humanidade em dar uma guinada positiva em sua história, eu digo: não! Esperançoso, obstinado e confiante no futuro, eu dedico o prêmio Jovem Cientista 2001, que me foi concedido pelo Conselho Nacional de Desenvolvimento Científico e Tecnológico, pela Fundação Roberto Marinho e pela Gerdau, aos homens e mulheres de boa vontade, que estão prontos a fazer de todo conhecimento produzido pela humanidade instrumento de melhoria da própria humanidade. A eles, eu digo: sim!

Gilberto Lacerda Santos

Apresentação

Fernanda A. da Fonseca Sobral*

Este livro foi inicialmente uma tese de doutorado que tive o prazer e o risco de orientar. O prazer pelo fato de se tratar de um tema de grande relevância que une questões relacionadas à educação, à ciência e à tecnologia, discutidas por um professor doutorando já pós-graduado com um Ph. D em Informática Aplicada à Educação, com determinação, autonomia e experiência na área. O risco pelo fato de se tratar de um tema emergente e, por isso mesmo, permeado de questões e dúvidas, sendo analisado sociologicamente por alguém cuja formação inicial havia se dado na área de ciências exatas e que procurava, na sociedade e na Sociologia, a compreensão de alguns problemas da educação científica e tecnológica na atualidade. O resultado está aqui nestas páginas, e pode-se concluir que valeu a pena!

Gilberto Lacerda Santos parte da idéia do surgimento gradativo de um Novo Modo de Produção de Conhecimento Científico e Tecnológico que tem como características o aumento da produção do conhecimento e a agregação de valor comercial, a heterogeneidade institucional e/ou organizacional,

* Professora doutora do Departamento de Sociologia da UnB.

a transdisciplinaridade, a aplicabilidade, a instrumentação, a responsabilidade social e a reflexividade. Segundo ele, para a consolidação desse novo modo de produção de conhecimento, é peça fundamental o Letramento Científico e Tecnológico (LCT), capaz de evidenciar a dimensão social da ciência e da tecnologia e que deve ser promovido a partir do ensino fundamental. Ele observa que o movimento de LCT afirma que a familiaridade com o empreendimento científico e tecnológico é de grande utilidade para o cidadão assegurar o seu lugar na sociedade contemporânea.

No entanto, a pesquisa feita pelo autor sobre as representações sociais (segundo o conceito de Moscovici) dos futuros professores de ciências (alunos em fase de conclusão dos cursos de Pedagogia da Universidade de Brasília (UnB), Universidade Federal de Minas Gerais (UFMG) e Universidade Federal do Ceará (UFCE)) mostrou que, pelo fato de não conhecerem satisfatoriamente o jogo da produção e da difusão da ciência e da tecnologia, desenvolvem representações ingênuas e imprecisas sobre a ciência e a tecnologia. Considerando que esses futuros professores não se sentem comprometidos com o processo de produção científica e tecnológica que, para eles, é uma realidade distanciada, também não têm condições de promover relações educativas em ciência e tecnologia adequadas às premissas propostas pelo Novo Modo de Produção de Conhecimento. Ou seja, o autor observa que não há evidências de compreensão de que a ciência e a tecnologia constituam um processo socialmente distribuído.

Conclui então Gilberto Lacerda Santos pela necessidade de um novo modo de formação para os professores de ciências que evoluiria de um modelo de ensino de ciências estático e baseado na continuidade para um modelo dinâmico fundamentado na inovação. Ou, ainda, de uma abordagem didática reprodutivista e essencialista para uma abordagem construtivista ou de um campo de conhecimento disciplinar para um campo transdisciplinar ou da escola como o único *locus* da formação para uma pluralidade de *locus* de formação, dentre outros aspectos.

Apesar dos esforços que têm sido feitos no sentido de desmistificar a ciência e a tecnologia e seu processo de produção com os alunos de Pedagogia, estes não têm surtido o efeito desejado em relação à "virada epistemológica" porque passa o processo de produção de conhecimento, ressalta o autor. É com esse objetivo que ele propõe um novo modo de formação que possa reduzir deficiências no LCT dos futuros professores de ciências que atuarão com as crianças em fase de início de escolarização.

É evidente que a sociedade contemporânea está passando por grandes transformações relacionadas à globalização, ao desenvolvimento das informações e das comunicações e ao processo de democratização da sociedade, com o aumento da consciência pública sobre diferentes questões que interferem na nossa vida quotidiana. Essas transformações estão afetando a produção de conhecimento e o processo educacional. Porém, os momentos de transição são muito ricos e por isso mais complexos e permeados de conflitos. Sendo assim, poderia se pensar que estamos vivenciando um modelo misto de desenvolvimento científico e tecnológico e também de formação de professores, com abordagens tradicionais e herméticas, mas também com algumas experiências inovadoras, em vez de se ter uma dicotomia entre o novo e o velho modo de produção de conhecimento e o novo e o velho modo de formação de professores de ciências.

Nesse sentido, este livro revela-se instigante pois evidencia a necessidade de debate e de reflexão sobre a formação de professores em um contexto mais geral de transformações da sociedade contemporânea e do desenvolvimento científico e tecnológico.

Introdução

Sem dúvida nenhuma, um Novo Modo de Produção do Conhecimento Científico e Tecnológico está emergindo nas últimas décadas, gerando transformações sociais igualmente irrefutáveis (Gibbons, Limoges, Noworty, Schwartzman, Scott e Trow, 1994). No contexto dessas transformações, inúmeras mudanças de ritmo e de intensidade na dinâmica do progresso científico e tecnológico atual proporcionaram não apenas um incremento quantitativo ao conhecimento acumulado na primeira metade do século XX mas, sobretudo, uma mudança qualitativa nas formas de produzir e de pensar (Maciel, 1997; 2001). Tais mudanças ultrapassaram a questão da inovação tecnológica e envolveram novas formas de organização da produção, do trabalho e da reprodução social.

Nessa perspectiva, e no que diz respeito à formação científica e tecnológica das novas gerações, diversos autores têm denunciado o descompasso das instituições de ensino superior para se ajustarem ao Novo Modo de Produção do Conhecimento e para corresponderem às novas demandas sociais relacionadas à citada mudança qualitativa nas formas de construção do pensamento científico e do pensamento tecnológico. Efetivamente, é bastante claro que, de modo geral e sobretudo nos países periféricos, a atual dinâmica de funcionamento da universidade não fornece o lastro necessário para a emergência e a consolidação deste Novo Modo de Produção do Conhecimento (Gibbons et. al., op. cit.).

No caso brasileiro, há diversas evidências dessa desarticulação das instituições de ensino superior com relação ao novo modo de formação do cidadão requerido pela sociedade emergente e, conseqüentemente, com relação à nova dinâmica do progresso científico e tecnológico, como evidenciam Lima (1985) e Haguette (1995). Corroborando tal afirmação, as considerações de Trigueiro e Figueiredo (1998) conduzem à idéia de que o ambiente universitário, tendo em vista seu tradicional estatuto de *locus* de produção de conhecimentos, é bastante resistente à emergência de um Novo Modo de Produção do Conhecimento Científico e Tecnológico.[1] Por sua vez, em embora situado em um outro quadro teórico sobre ciência e tecnologia, Sousa Santos (1995) também denuncia a rigidez e o formalismo do meio acadêmico, enfatizando que:

> A universidade que se quiser pautada pela ciência pós-moderna deverá transformar os seus processos de investigação, de ensino e de extensão segundo três princípios: a prioridade da racionalidade moral-prática e da racionalidade estético-expressiva sobre a racionalidade cognitivo-instrumental; a dupla ruptura epistemológica e a criação de um novo senso comum; a aplicação edificante da ciência no seio de comunidades interpretativas (p. 223).

1 Segundo os autores, o ambiente universitário é constituído pelas próprias universidades, pelas instituições de pesquisa do governo, pelas agências de fomento à pesquisa e pelos grupos empresariais vinculados à ciência e à tecnologia.

No entanto, tal transformação a que se refere Sousa Santos encontra resistências de toda sorte, cujas causas são apontadas por Trigueiro e Figueiredo (1998): acirramento de conflitos entre antigos e novos atores; politização de questões científicas, tecnológicas e ligadas à formação de recursos humanos; corporativismo; dogmatismo, etc. Dentre essas causas, a postura dogmática dos atores das diferentes áreas acadêmicas com relação à ciência, à tecnologia e a seu modo de produção é, sem dúvida, peça-chave para o estabelecimento e a manutenção da referida desarticulação a longo prazo, impedindo até mesmo que se combata as demais causas. Essa postura adotada por muitas comunidades científicas universitárias funciona, então, como instrumento de resistência à eventual perda de poder e de espaço da universidade em face do avanço de outras instâncias na produção científica e tecnológica, como vem acontecendo de modo bastante dinâmico e acentuado em certos meios empresariais que, tendo em vista o próprio modo de funcionamento da academia, avançam cada vez mais autônoma e livremente na produção dos conhecimentos de que necessitam para alimentar o seu sistema de produção.

Essa "independência" da academia, que podemos encontrar cada vez mais em um grande número de empresas, impulsionou o estabelecimento de comunidades científicas empresariais que, munidas de objetivos bem definidos, de metas com aplicabilidade imediata, de recursos próprios e/ou de – freqüentemente muitos – subsídios governamentais, avançam com bastante mais eficiência na produção da ciência e da tecnologia de que necessitam, adaptando-se com mais rapidez ao Novo Modo de Produção. É o caso de empresas como a Xerox, a General Electric e a Motorola, que chegaram a montar universidades corporativas exclusivamente voltadas para suas necessidades de conhecimento (Éboli, 1999). E a posição dos membros das comunidades científicas tradicionais fica enfraquecida na medida em que eles continuam a operar segundo as condições oferecidas pelo meio acadêmico e as regras de funcionamento da comunidade, submetidas a freqüentes cortes de verbas, a possibilidades de privatização, à desvalorização da carreira, ao distanciamento crônico existente entre a universidade e a sociedade, ao desmantelamento de um aparato científico-tecnológico que mal começava a tomar forma, apesar de poucas incursões de sucesso e reconhecimento internacional, como a vertente nacional do Projeto Genoma, financiado pela Fundação de Apoio à Pesquisa do Estado de São Paulo (Fapesp), o Laboratório Nacional de Luz Síncroton, mantido pela Universidade de Campinas (Unicamp), o aparato de engenharia genética e biologia molecular da Fundação Oswaldo Cruz (Fiocruz), as pesquisas sobre o proteoma, no Laboratório de Bioquímica da Universidade de Brasília, etc. E há também um outro fator de resistência que tem um peso importante: a existência, no meio acadêmico, de representações tradicionais acerca da ciência, da tecnologia e de seu papel na sociedade.

Avançando nessa mesma direção, Gill e Gagnon (1988) enfatizam que as concepções equivocadas que encontramos no meio universitário têm sua origem na forma como aprendemos e apreendemos a ciência e a tecnologia desde o início de nossa vida escolar. De fato, a introdução à formação científica no ensino fundamental é problemática de peso tanto em nosso país quanto em diversos outros, como aponta e enfatiza Vidal (2000):

> Se concepções e visões científicas equivocadas persistem nos estudantes de graduação que já passaram por um período escolar médio de 12-13 anos, o ciclo de compreensão inadequada

> da ciência é perpetuado. O caminho apontado explicita a necessidade de familiarização dos professores de Ciências com as perspectivas paradigmática, social, política e ideológica subjacentes à ciência contemporânea. Para isso, torna-se imprescindível que cursos de formação e capacitação incorporem (...) a compreensão dos processos de pesquisa e desenvolvimento científicos, a coletivização da ciência e seu papel social, na medida em que esta funciona como um instrumento de deliberação das ações sociais (p. 43).

Nessa ordem de raciocínio, este trabalho é centrado na elucidação da natureza desse dogmatismo atribuído aos conhecimentos de natureza científica do ensino fundamental que, conforme enfatizam os parâmetros curriculares nacionais do Ministério da Educação (MEC, 1997), devem servir de base tanto para o ensino médio quanto para o ensino superior. Mais precisamente, procuramos explicitar e estudar representações de futuros professores para as quatro primeiras séries desse nível de ensino (licenciandos em Pedagogia de universidades públicas) acerca da ciência, da tecnologia e de seu modo de produção.

Supõe-se que tais representações distanciam os futuros docentes de uma atuação condizente com o Novo Modo de Formação necessário para instrumentalizar adequadamente os alunos para compreender e lidar com o empreendimento científico e tecnológico, causando impactos importantes nos níveis de ensino subseqüentes. Trata-se de uma deficiência que certamente está na gênese de um círculo vicioso pautado seja pelo desinteresse sistemático por conteúdos de natureza científica e tecnológica, seja pela incompreensão da natureza social de tais conteúdos.

Eis portanto um problema crucial que enfatiza a necessidade e a pertinência da identificação de novas categorias de análise do fenômeno científico e tecnológico, suscetíveis de serem empregadas nos procedimentos didáticos de formação de professores para as séries iniciais do ensino fundamental.

É importante enfatizar que a motivação e o fio condutor da pesquisa foram construídos a partir de representações e conhecimentos construídos no âmbito de minha prática profissional, que constitui, certamente, um viés importante. A percepção das dificuldades do licenciando em Pedagogia para lidar com conceitos científicos, para interessar-se por conteúdos relacionados com ciência e tecnologia, para entender-se como ator importante do processo de LCT, e até mesmo para conseguir observar aulas de Ciências nos meios escolares, conduziu-nos, pouco a pouco, a compreender a complexidade da situação. E tal compreensão está presente em todas as partes deste estudo.

Além da introdução e das conclusões, quatro capítulos compõem o trabalho. O primeiro deles é dedicado a uma delimitação do contexto geral do estudo e ao desenvolvimento de uma argumentação baseada em Gibbons e colaboradores (1994) com relação à emergência de um Novo Modo de Produção Científica e Tecnológica. Neste capítulo, é também apresentada a abordagem de Etzkowitz e Leydersdoff (1988) acerca do modelo por eles sustentado para a compreensão desse Novo Modo de Produção do Conhecimento: a chamada Tripla Hélice, que envolve o governo, a indústria e a universidade. Dentre outros elementos teóricos discutidos, procuramos "pensar", embrionariamente que seja, a integração neste modelo das organizações não-governamentais como instâncias que influenciam cada vez mais a produção de ciência e tecnologia.

O segundo capítulo é dedicado a uma abordagem teórica acerca da ciência e da tecnologia sob a ótica do LCT. É no contexto desta parte do trabalho que será enfatizado o papel dos professores no processo de formação em ciências e em tecnologia, à luz da teoria da transposição de conhecimentos proposta por Chevallard (1991).

O terceiro capítulo aborda, de modo bastante amplo, as representações de professores do ensino fundamental acerca da ciência e da tecnologia. Ancorado em Moscovici, procuramos melhor compreender a postura de professores em formação com relação à natureza, as condições de produção e de socialização do conhecimento científico e tecnológico, a fim de evidenciar desdobramentos sobre sua prática pedagógica futura.

Enfim, o quarto capítulo tem o objetivo de agregar as diferentes vias teóricas tratadas na pesquisa, permitindo a organização de uma reflexão sobre a necessidade da adoção de um Novo Modo de Formação Científica e Tecnológica, seja nas Faculdades de Educação, seja nas escolas de ensino fundamental, como estratégia para dar suporte à instauração do Novo Modo de Produção desses mesmos conhecimentos.

Capítulo 1

A emergência de um Novo Modo de Produção Científica e Tecnológica

A idéia da emergência de um Novo Modo de Produção do Conhecimento Científico e Tecnológico não é tão recente. A partir da década de 1980, inúmeros autores têm apontado para os indícios do surgimento de uma dinâmica inovadora com relação ao desenvolvimento científico e tecnológico. Essa dinâmica é sobretudo baseada no livre fluxo de informações e na comunicação aberta entre diferentes áreas do conhecimento e diferentes setores da sociedade (Schaff, 1995; Hobsbawn, 1995; Rosenberg, 1982; Boyle e Wheale, 1984).[1]

Mais recentemente, Sousa Santos (2000), em uma interessante reflexão sobre a sociedade globalizada, faz alusão a esta

[1] Parece-nos existir uma relação diretamente proporcional entre o aumento no fluxo de informações e a dinamização dos processos de produção de conhecimentos científicos e tecnológicos. Esta relação pode ser constatada em diferentes momentos da história da humanidade em que a sociedade foi incrementada com tecnologias de comunicação, como a produção de papirus, na Antigüidade, ou de documentos impressos, na Idade Média, que permitiram, de uma forma ou de outra, o intercâmbio entre comunidades científicas, entre pensadores e pesquisadores, entre civilizações distintas. Um estudo criterioso sobre modificações no fluxo de informações por meio da História e sua influência no estabelecimento de novos modos de produção de Ciência e Tecnologia constitui uma interessante pista de pesquisa.

nova dinâmica, ressaltando que a emergência de uma nova história da humanidade é necessariamente tributária de uma nova relação do homem com a Ciência e com as técnicas, baseada sobretudo em uma democratização do saber e do acesso à informação e em uma compreensão mais objetiva dos procedimentos de produção de conhecimentos.

Gibbons e seus colaboradores (1994) delineiam os contornos desse Novo Modo de Produção do Conhecimento enfatizando que a sociedade está gradativamente migrando de uma dinâmica homogênea para uma dinâmica heterogênea em termos da construção do pensamento científico e tecnológico. Segundo os autores, a explosão de conhecimentos nas duas últimas décadas tem como base um processo de produção compartilhada em que diferentes atores estão envolvidos. O Novo Modo de Produção do Conhecimento (M2), em oposição ao Modo Tradicional de Produção do Conhecimento (M1), é pautado pelo aumento da produção, pela agregação de alto valor comercial ao conhecimento produzido, pela heterogeneidade institucional, pela aplicabilidade, pela contextualização, pela transdisciplinaridade, pela instrumentação e pela reflexibilidade.

É importante frisar que a emergência do M2 pode não implicar necessariamente o ocaso do M1. Sobral (2000.) aborda essa questão ressaltando que o Novo Modo de Produção do Conhecimento provoca mudanças na pesquisa desenvolvida tradicionalmente nas universidades, que era mais disciplinar e se realizava, sobretudo, em um contexto acadêmico orientado pelo próprio processo de conhecimento e não por sua utilidade econômica ou social. No entanto, a consolidação do Novo Modo de Produção do Conhecimento não implica necessariamente a substituição do antigo, além do fato de que, para o seu surgimento, foi importante a implementação do anterior. Eles podem desenvolver-se simultaneamente, dando margem à realização de diferentes tipos de pesquisas, embora a pesquisa básica e a aplicada estejam cada vez mais associadas.

Os oito princípios do M2, detalhados mais adiante, dão forma a um contexto novo em que a produção do conhecimento não é necessariamente obra de cientistas e em que o acesso à informação de cunho científico e tecnológico é cada vez mais livre. Conseqüentemente, há uma incontestável evolução para um processo de engenharia heterogênea, conforme previu Law (1987), baseada em três palavras-chave: a inovação, a competição e o conhecimento. Neste sentido, a transformação da produção do conhecimento é um dos processos centrais que caracterizam as sociedades do mundo industrial avançado, fenômeno que gera um desequilíbrio potencial entre volatilidade e permanência das instituições envolvidas. E tal raciocínio pode também ser empregado com relação ao próprio conhecimento.

Para Gibbons e seus colaboradores (1994), a produção do conhecimento é cada vez mais um processo socialmente distribuído, que tende a assumir caráter universal. Em sua base está a multiplicação de locais que constituem fontes da contínua combinação e recombinação dos recursos do conhecimento, combinação esta cada vez mais inovadora e surpreendente. Além desta dimensão fundamental da mudança, isto é, do caráter compartilhado da formatação do conhecimento, é fundamental ressaltar a importância crescente dos foros híbridos de produção de conhecimentos, em que peritos e não peritos interagem em torno do avanço científico e tecnológico, possibilitando crescente inserção do conhecimento produzido em um contexto globalizado e a eliminação de fronteiras entre disciplinas e instituições. Eis aí um dos elementos de argüição de Sousa Santos (2000) para advogar a instauração de uma "outra globalização", eqüidistante da fábula e da perversidade e tendo como base tanto o conhecimento universalizado quanto a consciência universal.

Analisada sob a ótica de Fourez (1995), uma tal sociedade do conhecimento democratizado seria classificada como pragmático-política, ou seja, teria como "fio condutor", no que concerne às interações com o conhecimento científico e tecnológico, um permanente diálogo entre especialistas e não especialistas. É oportuno explicitar que, segundo este autor, as relações entre a ciência, a tecnologia e a sociedade podem se dar por meio de três modelos distintos: o modelo tecnocrático, no qual as "decisões" cabem somente a especialistas; o modelo decisionista, no qual a racionalidade seria privilégio de decisores políticos; e o modelo pragmático-político, fundamentado em uma interação entre todos os atores sociais.

A instauração do M2 articula-se, portanto, em torno do aumento da capacidade da sociedade como um todo para produzir e utilizar ciência e tecnologia. E tal condição tem como pré-requisito uma divulgação continuada do conhecimento, principalmente daquele produzido nos ambientes universitários, onde, de modo geral, os estudantes devem aprender como encontrar, apropriar-se e fazer uso de conhecimento produzido em qualquer lugar do mundo, em prol de novas idéias, de novas necessidades sociais. Eles devem, portanto, adaptar sua capacidade de pesquisa ao caráter compartilhado de produção do conhecimento. Dessa forma, a universidade muda de estatuto, passando de supridora de conhecimentos a parceira na produção dos mesmos, contribuindo para a evolução em ciência e em técnica do território em que está situada (Santos e Silveira, 2001). Esta mudança de foco acarretará rapidamente uma redefinição do papel das instituições de ensino como um todo (Trigueiro,1992; Figueiredo, 1989).

A mudança de estatuto das universidades com relação à produção científica e tecnológica é apontada pelo discurso governamental como sendo prioridade absoluta das políticas públicas no setor. De acordo com documento da Secretaria de Ensino Superior (Sesu)/MEC (MEC, 2000), é preciso enfrentar e vencer o desafio de tornar a universidade brasileira mais atuante em termos de produção científica e tecnológica, universidade essa organizada para atender a uma elite cultural e econômica e historicamente marcada pelo desencontro com a própria sociedade em que está inserida. No entanto, análise do economista Dércio Garcia Munhoz revela que as verbas para educação e cultura no Brasil caem mesmo quando os impostos sobem, em uma dinâmica viciada em que compromissos com o Fundo Monetário Internacional (FMI) são sistematicamente priorizados em detrimento de investimentos estratégicos em áreas de base para a viabilidade científica e tecnológica nacional a longo termo (Munhoz, 2000).

Conforme foi mencionado anteriormente, diversos pré-requisitos são apontados por Gibbons e seus colaboradores (1994) para justificar o surgimento do M2, articulados em torno de três vetores principais:

1. A massificação do ensino superior, que acaba destinando um significativo excedente de acadêmicos para setores não acadêmicos (no caso brasileiro seria mais adequado falar em expansão do sistema de ensino superior);
2. A globalização e seu movimento de eliminação de fronteiras;
3. A emergência e o impacto das novas tecnologias de comunicação e informação.

Tais vetores conduzem aos já citados princípios do M2, que os autores procuram evidenciar. Primeiramente, eles referem-se a um substancial aumento na produção de conhecimentos, cuja causa principal está justamente na distribuição crescente de informações relacionadas com ciência e tecnologia, fomentando sistemas de produção e desencadeando processos de inovação em todas as áreas do conhecimento, em escala mundial. Não se trata, evidentemente, de um fenômeno isolado, mas a conseqüência do aumento do investimento em Ciência e Tecnologia (C & T) e do incremento das novas tecnologias de comunicação (Schaff, 1995). A sociedade em rede, discutida por Castells (2000), estaria, desta forma, desenhando contornos de um mundo interconectado, mais complexo, mas muito menor, em que informação científico-tecnológica é cada vez mais rapidamente traduzida sob a forma de produção científico-tecnológica. Para reforçar essa idéia, Gibbons e seus colaboradores (1994) citam, dentre outros dados, que, em 1970, os cinco países mais industrializados do Ocidente investiram cerca de 125 bilhões de dólares em pesquisa e em desenvolvimento. Em 1989, com o fluxo de informações bastante intenso, o investimento foi dobrado para cerca de 250 bilhões de dólares, o que leva a pressupor uma nova duplicação de investimentos no momento atual, em que a Internet vetoriza ao infinito as possibilidades de cruzamento de informações e de contatos entre pesquisadores, meios universitários e industriais, comunidades científicas e comunidades tecnológicas. Com relação às publicações científicas, os autores mencionam que em 1960 foram publicados 332 mil livros especializados em todo o mundo. Em 1970, a quantidade de publicações aumentou para 521 mil livros. Uma década mais tarde, as publicações científicas alcançaram a ordem de 715 mil volumes. Já em 1990, foram 842 mil publicações. Hobsbawn (1995) também chama a atenção para tal fenômeno, enfatizando que se trata, sem dúvida, do surgimento de um novo momento da história da humanidade em que a ciência e a tecnologia estarão mais presentes em nosso cotidiano.

Outro princípio indicativo da emergência do M2 está na agregação de um alto valor comercial à produção científica e tecnológica, fenômeno que desperta um interesse cada vez maior pela atividade de pesquisa por parte de instituições tradicionalmente consumidoras de C & T. No Novo Modo de Produção de Conhecimentos, todo o resultado do empreendimento científico e tecnológico está intrinsecamente situado em uma escala de produção–venda–consumo. Dessa forma, a ciência e a tecnologia tornam-se indubitavelmente comerciais em seu *ethos*, orientação e organização, a elas podendo ser agregados altos valores financeiros. No entanto, é importante argumentar que, ao lado do aumento da importância comercial, há também um substantivo aumento do valor social da ciência e da tecnologia, na medida em que é cada vez mais comum que o sistema universitário volte-se para atender a demandas sociais, o que não tem necessariamente implicação comercial, produzindo conhecimentos socialmente contextualizados e valorizados, conforme salienta Sobral (2000) ao apontar novas tendências no desenvolvimento científico e tecnológico.

A heterogeneidade é outro princípio do M2 que tem por base a livre circulação de idéias e de produtos e sua rápida absorção pelos diferentes níveis do processo de produção do conhecimento. Segundo tal princípio, o sistema de produção de ciência e tecnologia está cada vez mais complexo, alcança espaços antes insondados e se apropria naturalmente de conhecimentos de outras áreas. E isso ocorre na perspectiva do desenvolvimento de conhecimentos criativos e inovadores que, uma vez tornados hegemônicos ou adquirindo *momentum* como diria Hughes (1987), desenvolvem alto valor mercadológico, seja como processo, seja como produto. O aumento na complexidade do sistema de produção de ciência e tecnologia parece estar também intimamente relacionado com a associação de diferentes instâncias sociais em prol do desenvolvimento científico e tecnológico, gerando modelos como o da Tripla Hélice, proposto por Etzkowitz e Leydersdoff (1998), que será abordado mais adiante.

A instauração e a consolidação do M2 depende também de uma crescente inserção da produção científica e tecnológica em um contexto real, vinculado a necessidades sociais bem delimitadas. Nessa perspectiva, o M2 preconiza que a pesquisa em C & T deve ser voltada para a resolução de problemas concretos e reais da humanidade, o que também é, diga-se de passagem, uma garantia de *marketability*, tanto no sentido da possibilidade de comercialização da produção científica e tecnológica quanto no de sua aplicabilidade concreta na sociedade.

Este último princípio, que se refere ao estabelecimento de compromissos sólidos entre o conhecimento aplicado e sua finalidade social, faz com que a ciência e a tecnologia ultrapassem o estágio de meros conjuntos de elementos cognitivos e materiais para tornarem-se verdadeiros sistemas sociais, ancorados em projetos da sociedade que os acolhe. Neste sentido, uma maior ou menor aplicabilidade da produção científica e tecnológica pode aproximar ou afastar a sociedade de modelos tecnocráticos de gestão, para retomar a classificação proposta por Fourez (1995), mencionada anteriormente. Para o autor, as "escolhas" em termos de ciência e tecnologia, determinam a própria organização social e condicionam a existência tanto do indivíduo quanto do grupo. Fourez evidencia, no entanto, que há um debate estabelecido em torno desta questão, que permanece em aberto:

> Alguns, baseando-se em uma representação que permite separar a tecnologia como tal de suas aplicações concretas, minimizam esse condicionamento, ressaltando que as tecnologias estariam à disposição de homens e mulheres, tendo estes que decidir, de acordo com sua ética, sobre a maneira pela qual as utilizar. Outros, pelo contrário, insistirão sobre a maneira pela qual as tecnologias acarretariam mais do que um condicionamento: elas determinariam a própria vida. De acordo com os primeiros, haveria mil maneiras de utilizar as centrais nucleares ou a informática, enquanto os segundos pretendem que essas tecnologias telecomandem as estruturas das sociedades que as adotam. Para os primeiros, a tecnologia pode ser separada das estruturas sociais nas quais se insere, enquanto, para os segundos, ela já veicula estruturas de sociedade (p. 219).

Avançando na discussão do modelo gibonniano para explicar os novos rumos da sociedade em termos de produção científica e tecnológica, é importante considerar que, para o autor, toda a produção de conhecimentos deve ser mediada por um diálogo entre o passado e o presente, da obra com seu contexto. Trata-se do princípio da reflexibilidade, que é um outro fator que tem relações intrínsecas com a aplicabilidade e com a pertinência dos conhecimentos, na medida em que se supõe que o conhecimento produzido, para corresponder adequadamente a necessidades sociais, precisa estar inserido em projetos da sociedade, considerada em termos sociais e culturais. Por exemplo, certos conhecimentos construídos sem estes "lastros" podem tornar-se absolutamente inúteis se os meios sociais não possuírem as infra-estruturas sociais e culturais que eles implicam e demandam.

Por outro lado, a responsabilidade social dos produtores de C & T é um princípio de base do M2 na medida em que as necessidades sociais que perpassam a produção de conhecimentos não devem se distanciar da consideração das causas e conseqüências do desenvolvimento irrefletido e inútil. Tendo a sociedade como foco, como inspiração e como objeto de trabalho, a ciência e a tecnologia ganham em credibilidade social, o que também é um importante critério para angariar financiamento e para garantir comercialização. Qualquer que seja o raciocínio, o M2 postula que todo conhecimento produzido pelo homem deve ser percebido como produto socialmente condicionado e contextualizado, como fator de manutenção, de transformação e de desenvolvimento das sociedades, como instrumento de superação de problemas concretos impostos pelo meio social e de geração de problemas novos, exigindo a produção de mais conhecimento.

Considerando o exposto, parece ser evidente que a evolução científica e tecnológica, no M2, é bastante dependente da inter-relação de conhecimentos oriundos de diferentes áreas, da interação de atores com perspectivas epistemológicas diferentes e da conjunção de saberes ecléticos. A transdisciplinaridade é, assim, um princípio fundamental para a instauração de qualquer dinâmica de inovação científica e tecnológica e um importante vetor para tornar o conhecimento mais pertinente e útil em uma vasta gama de áreas.

Finalmente, os autores abordam o princípio da instrumentação, baseado na interação crescente entre a ciência e a tecnologia, de modo que os recursos tecnológicos servem de base, de ponto de partida e de mecanismos proporcionadores do desenvolvimento de mais ciência e de mais tecnologia. Segundo eles, ciência e tecnologia estão de tal forma imbricados no contexto do M2 que um campo não avança sem o suporte do outro e vice-versa.

Todos estes princípios, perfeitamente visíveis no cenário atual, contribuem para que a nova dinâmica da inovação científica e tecnológica seja expandida em nível global, em foros híbridos, ou em arenas transepistêmicas como diria Knorr-Cetina (1982), expressão empregada pela autora para designar a diversidade de *locus* e de atores envolvidos no processo de produção do conhecimento. Knorr-Cetina avança, dessa forma, em uma outra tradução da dinâmica do M2. Tal expansão segue na direção e com o apoio da multiplicação dos locais de desenvolvimento e de aceleração das interconexões do conhecimento, o que vem a aproximar as condições sociais e as condições cognitivas que permeiam os processos de produção de ciência e tecnologia (Latour, 2000). Neste sentido, a abordagem construtivista da produção de conhecimentos coloca em evidência os interesses de diferentes atores que influenciam, consomem e se beneficiam da ciência e da tecnologia, organizados em redes que revelam a natureza social deste empreendimento humano.

Retomando a discussão sobre a emergência do Novo Modo de Produção do Conhecimento, constata-se que não é apenas no campo das ciências naturais e exatas que tal fenômeno ocorre. O M2 pode também ser detectado nos campos das Artes e das ciências humanas, alargando a dimensão do processo e caracterizando-o como uma verdadeira mudança de paradigma social no que diz respeito à produção de todo o conhecimento do ser humano. Veja como Gibbons e seus colaboradores analisam a emergência do M2 nestes campos do conhecimento.

No que se refere ao princípio do aumento da produção, os autores observam que, em 1945, na cidade de Nova York, havia apenas um punhado de galerias de arte e poucos artistas que se exibiam regularmente. Atualmente, há mais de setecentas galerias naquela cidade e o número de artistas em exibição aumentou para 150 mil. Estimam eles que, na presente década, foram produzidas cerca de 15 milhões de obras de arte de todo tipo, enquanto no século XIX inteiro produziu-se apenas duzentas mil obras. Os autores citam que o surgimento da cultura de massa é baseado não somente nos criadores de cultura, mas também (e principalmente) em seus transmissores, isto é, naqueles que trabalham em educação superior e em veículos de comunicação cultural como as publicações especializadas, a televisão, o rádio, os teatros, os museus, etc.

Com relação aos princípios da comercialização e do aumento de valor, Gibbons e outros (1994) encaminham a discussão procurando explicar por que o crescimento da produção cultural é um fenômeno menos celebrado e reconhecido do que o crescimento da produção científica e tecnológica. Em primeiro lugar, segundo eles, acredita-se de modo equivocado que a relação entre cultura e produção de riqueza é fraca. No entanto, nas sociedades desenvolvidas, cujas necessidades materiais básicas já foram amplamente satisfeitas, o consumo e a produção de cultura têm se tornado atividades econômicas importantes. O setor de serviços que envolve o fator cultural tem se tornado um importante componente da atividade econômica moderna. Em segundo lugar, eles observam que, no contexto da sociedade industrializada vigente, acredita-se erroneamente que a produção cultural é uma atividade que agrega menos *status*, de menor visibilidade, na medida em que não requer equipamentos e instrumentos sofisticados. Com efeito, o desenvolvimento de trabalhos em áreas como a Filosofia respeita basicamente o mesmo modo de funcionamento empregado por Aristóteles e os custos de estudos em humanidades, justamente por depender menos de infra-estrutura financeira e logística, são mais facilmente absorvidos pelas instituições de formação superior, o que explica também a grande disseminação de instituições atuando nessas áreas. Os autores concordam que a economia da cultura tem outras formas que a economia da ciência e da tecnologia, mas evidenciam que certas formas de produção cultural são altamente onerosas e agregam somas gigantescas, como a produção de certos filmes ou o lançamento de certos discos. O valor comercial de determinadas atividades culturais é igualmente baixo porque elas dependem de subsídios governamentais que as situam fora de uma escala de mercado, do ponto de vista de produção–venda–consumo. Mas, de todo modo, o cenário da sociedade atual demonstra claramente que a atividade cultural é também indubitavelmente comercial em seu *ethos*, orientação e organização, a ela podendo ser agregado um alto valor comercial, exatamente como pressupõe o M2.

O princípio da heterogeneidade, por sua vez, pode também ser detectado nas artes e nas humanidades, tendo em vista que a rápida expansão da indústria cultural tem produzido uma grande variedade no desenvolvimento do conhecimento nessas áreas, exatamente como acontece nos setores científicos e tecnológicos. Gibbons e seus colaboradores referem-se à miscelânea de referências artísticas e culturais que fazem a ficção moderna, a música contemporânea e, em particular, a arquitetura pós-moderna que eles consideram como o setor que mais caracteriza o M2 no campo das Artes. De fato, nesse campo, o pós-moderno mostra sua face, entre outros exemplos, por meio de um movimento empírico, caótico e heterogêneo (Jameson, 1991), facilmente identificável nas obras analíticas e de fácil consumo de Andy Warhol; na arte conceitual de Yoko Ono; na música minimalista de Phillip Glass; no cinema caótico, angustiado e onírico de Win Wenders; na ficção "colagem de tempos e de personagens" de Marguerite Yourcenar; na arquitetura emblemática de Ioh-Ming Pei, que inseriu uma pirâmide de vidro na entrada do Louvre. Tais artistas, dentre tantos outros, concentraram seus esforços para atrair nossa atenção para as mudanças que vêm ocorrendo na cultura contemporânea, para o esfacelamento, a democratização, vitalidade e a centralidade da cultura, que está viva e presente tanto nas partes quanto no todo, premissa fundamentalmente oposta à do Modernismo, que constitui um fator indicativo da emergência do M2.

Quanto ao princípio da contextualização, Gibbons e colaboradores (1994) enfatizam que as ciências humanas são contextualizadas por natureza, tendo em vista que se referem à própria experiência humana e têm nela seu principal objeto de trabalho e elemento de evolução. O valor intelectual do trabalho nas humanidades depende justamente de sua contextualização social. Isto faz que os avanços nas Artes e nas ciências humanas ganhem em credibilidade social na medida em que têm a sociedade como foco, como inspiração e como objeto de trabalho. E, sob certa ótica, os trabalhos nessas áreas do conhecimento dependem cada vez mais de critérios de validação externos, e não apenas de critérios definidos pelos próprios cientistas sociais ou artistas. Eis, portanto, respeitado o princípio do aumento da responsabilidade social.

O princípio da transdisciplinaridade também encontra espaço nas ciências humanas tendo em vista que os trabalhos desenvolvidos nesse campo têm se caracterizado por um grande ecletismo de disciplinas e por uma grande variedade de influências vindas de diferentes áreas do conhecimento e de diferentes campos de aplicação. Os autores enfatizam que a transdisciplinaridade é um fenômeno "endêmico" nas humanidades que essas disciplinas uma vez se caracterizam justamente pela quebra das fronteiras e dos limites que são impostos às ciências.

Contudo, ao contrário do que ocorre nos campos científicos, o uso de instrumentos e de tecnologias nas humanidades e nas artes é ainda bastante periférico e circunstancial, caracterizando baixa adesão ao princípio da instrumentação. No entanto, Gibbons e colaboradores (1994) indicam alguns casos isolados que assinalam avanços nesse sentido, como o uso cada vez maior de recursos tecnológicos como forma de apoio à pesquisa qualitativa em ciências sociais, como meios de difusão de cultura e como meios de construção cultural.

No que diz respeito à reflexibilidade, característica-chave do M2, Gibbons e colaboradores (1994) enfatizam que este princípio é bastante tradicional nas humanidades na medida em que grande parte da produção em ciências sociais é baseada em um diálogo do presente com o passado, da obra com seu contexto. É o caso da História, da Filosofia, da Literatura, etc. E o efeito da reflexibilidade sobre as ciências humanas é bem mais contundente, visto que a necessidade prioritária de contextualização e sentido, os dois últimos princípios comentados pelos autores.

Com relação a esses princípios, Gibbons e seus colaboradores mencionam que a comunidade científica e seus analistas sempre enfatizaram a relativa autonomia de funcionamento da ciência como um subsistema distinto da sociedade. Amplamente aceita até os anos 1960, essa concepção vem sendo contestada desde então, pois não condiz com nenhum dos modos de produção de conhecimento (M1 ou M2). Os autores enfatizam que a produção de conhecimentos em artes e humanidades jamais foi analizada à luz desses princípios ou segundo o mesmo prisma que os conhecimentos em ciência e em tecnologia. Conseqüentemente, tais conhecimentos jamais foram percebidos como fazendo parte de um sistema autônomo com relação à sociedade, pois sua função é justamente melhorar a compreensão desta última e da experiência social.

Enfim, a leitura da obra de Gibbons evidencia que o cenário para a emergência do M2 é cada vez mais abrangente, envolvendo todas as áreas do conhecimento humano, sejam elas de natureza científica, tecnológica, social ou artística. Evidentemente, trata-se de um modelo geograficamente situado, bastante idealista e ideologizado em que há lacunas importantes para subsidiar a construção de uma compreensão mais clara e realista do empreendimento científico-tecnológico, em relação ao qual é preciso formular questões tais como:

- Trata-se de um processo realmente democrático?
- Atende a necessidades e demandas sociais de quem?
- A que interesses satisfaz?
- Pode, potencialmente, privilegiar e beneficiar a todos?
- Quais seriam seus bastidores em termos de controle, limites, princípios éticos, humanistas e sociais?

Trata-se, no entanto, de um fenômeno que nos parece ser de larga expressão, que tem levado diversos autores a procurar explicitar suas inúmeras facetas. Dentre as diferentes abordagens dadas a este tema, Etzkowitz e Leydersdoff (1998) introduzem o conceito de Tripla Hélice para designar os três elementos que constituem o que eles consideram como sendo o novo *locus* da pesquisa científica e tecnológica: a universidade, a indústria e o governo. Embora trate-se de uma idéia já recorrente, tratada, dentre outros, por Clark (1996) que se refere ao quadro institucional da autoridade acadêmica (mercado, estado e academia), a originalidade e a contribuição da visão dos autores citados reside justamente na proposição desse modelo para a compreensão do fenômeno tecnológico na perspectiva do Novo Modo de Produção do Conhecimento, na explicitação das inter-relações, nem sempre claras, entre tais "ambientes" e na expansão do modelo em escala global.

Segundo os autores citados, a atual compreensão do processo da inovação, quase exclusivamente ancorada nas relações bilaterais entre a universidade e a indústria, não consegue traduzir a multiplicidade de relações efetivamente estabelecidas na dinâmica desse processo, que conduz inevitavelmente a uma capitalização do conhecimento. Etzkowitz e Leydersdoff (1998) fundamentam sua proposta a partir de observações que mostram que, tendo em vista o fato de a instituição universitária ter cada vez mais ultrapassado fronteiras tradicionais no estabelecimento de relações com o meio industrial, é preciso que se proponha novos modelos capazes de melhor explicitar as modalidades emergentes de relacionamento entre essas duas instâncias. Para eles, no modelo atualmente considerado, isto é, no M1, são atribuídas à universidade e à indústria funções que ora fogem de seu âmbito de atuação e de poder, ora se confundem e se entrecruzam, avançando em esferas de atuação estrangeiras a ambas as instituições.[2]

Os autores evidenciam o desgaste dos modelos vigentes ao mencionarem que a maior parte das funções atribuídas à universidade são pautadas por variáveis que se situam no exte-

[2] A "convivência" com a Teoria da Tripla Hélice e a observação da dinâmica atual da produção de ciência e tecnologia conduzem-nos a pensar no papel das organizações não-governamentais nesta dinâmica, o que implicaria a introdução de uma quarta hélice ao sistema proposto por Etzkowitz e Leydersdoff. Tal elemento de discussão será abordado mais adiante.

rior de sua esfera de compromisso e de ação: a formação de recursos humanos para postos de trabalho na indústria; o desenvolvimento de pesquisas científicas transferíveis a procedimentos industriais e traduzíveis sob a forma de conhecimento economicamente viável; a produção de conhecimento comercialmente relevante, tanto no contexto da pesquisa fundamental quanto no contexto da resolução de problemas propostos pelo meio industrial.

Igualmente, a dinâmica do setor produtivo e suas necessidades em termos de P & D foram situando gradativamente a universidade em um novo espaço no seio deste setor, atribuindo-lhe novas funções na dinâmica da inovação tecnológica, voltadas sobretudo para a produção e a disseminação de conhecimentos transferíveis para o campo da produção tecnológica. É evidente que, no contexto do M2, o compromisso da universidade com a qualidade da formação por ela oferecida é reforçado e tornado estrategicamente necessário.

O desgaste do velho modelo pode igualmente ser evidenciado no meio industrial que, tendo em vista pressões mercadológicas, estaria ultrapassando sua esfera de ação ao lançar-se no apoio às atividades de pesquisa necessárias para a inovação no processo de produção. O questionamento formulado pelos autores sugere que tal esfera de ação seria da responsabilidade da própria universidade ou do governo que, em um eventual novo modelo, teria um papel específico voltado para a identificação de necessidades de pesquisa relacionadas com vetores de desenvolvimento econômico e para seu efetivo financiamento. No entanto, os autores afirmam que as empresas multinacionais têm migrado de uma tecnoestrutura fechada para uma dinâmica aberta baseada em intercâmbios com o setor público.

De acordo com a perspectiva adotada pelos autores, é bastante claro que, no contexto da universidade, há demandas novas que vão de encontro ao M1, modelo este que estabelecia que os saberes produzidos na academia tivessem um compromisso inegociável com a relevância científica. Unicamente. É também claro para os autores que um novo modelo tem gradativamente surgido na medida em que, especialmente em áreas de interesse tecnológico, exige-se cada vez mais que os saberes produzidos pela universidade sejam economica e comercialmente relevantes, compromissos que sempre foram estranhos ao âmbito acadêmico. Sem dúvida, o movimento de mudança detectado é um indicador de uma modificação substantiva no papel da ciência e da tecnologia na sociedade e corrobora as teses de Gibbons e colaboradores (1994) acerca da consolidação do M2, sobretudo no que se refere aos países desenvolvidos.

Nesse sentido, é possível supor que a espinha dorsal da mudança se situa no fato de as indústrias estarem cada vez mais desenvolvendo "autonomamente" a pesquisa básica necessária para apoiar suas necessidades de inovação, como acontece com a indústria farmacêutica, a indústria áeronautica e a indústria bélica (Barbieri, 1990). De fato, Rosenberg (1982) evidencia que os meios industriais têm investido no desenvolvimento de pesquisa não somente para tornar o conhecimento científico tecnológica e comercialmente relevante, mas principalmente com o objetivo de gerar conhecimentos para a resolução de problemas específicos do processo de inovação tecnológica. E o conhecimento gerado pela indústria não tem necessariamente contato com aquele gerado pela universidade, fator importante a ser considerado no que diz respeito à otimização de recursos financiadores para a pesquisa básica ou aplicada.

Conseqüentemente, pode-se também justificar a emergência de um novo modelo de interação entre a universidade e a indústria não somente pela ultrapassagem das fronteiras e do campo de ação da indústria ao fazer pesquisa básica. Isso é bastante recorrente tendo em vista a dificuldade da pesquisa universitária para responder, na velocidade demandada, a problemas postos pelo sistema de produção tecnológica. A justificativa está também na necessidade dessa interação para a manutenção futura da relevância social do ambiente universitário, como enfatiza Morin (1990) ao reinvindicar uma intersecção efetiva entre ciência e consciência e ao explicitar a responsabilidade social da ciência e da tecnologia. Por sua vez, Rosenberg (1982) evidencia que os meios industriais têm procurado avançar com mais autonomia e criado sua própria ciência (sob a forma de respostas práticas para seus problemas empíricos), cujo desenvolvimento procura não depender da "Ciência acadêmica". Tal distanciamento tem conseqüências que nos parecem graves na medida em que dificulta o avanço do conhecimento nos meios acadêmicos, inviabiliza a absorção, por parte da indústria, dos recursos humanos formados pela universidade e cria barreiras para a absorção, por parte da universidade, dos conhecimentos eventualmente produzidos pela indústria. Isto, na medida em que:

> O entrosamento do público e do privado, assim como dos interesses econômicos com os do mundo científico, mostram-se possíveis, com respeito mútuo e responsabilidade co-partilhada. Essa conquista derruba antigas práticas, sobretudo as que se reportavam às tendências predatórias na cooperação do público com o privado e da ciência com a economia (Fischmann, 2000).

Avançando na delimitação de seu modelo, os autores evidenciam a necessidade de se incluir a instância governamental nesse círculo de interações, na medida em que atribuem ao governo o papel de identificador de necessidades de pesquisa (a partir da dinâmica mercadológica e do diagnóstico de necessidades sociais) e de fomentador de pesquisas (por meio de sua ação financiadora). Eles propõem então um modelo espiral para o processo de inovação, que envolve três esferas institucionais: o público, o privado e o acadêmico. Essas esferas, funcionando organicamente, constituem a chamada Tripla Hélice da inovação.[3]

Etzkowitz e Leydersdoff (1998) identificam quatro dimensões a serem consideradas na leitura do fenômeno tecnológico por meio do modelo da Tripla Hélice. A primeira dimensão refere-se às mudanças internas em cada uma das hélices, como o desenvolvimento de laços entre empresas por meio de alianças estratégicas ou modificações no sistema universitário. A segunda dimensão refere-se às influências mútuas entre as hélices, como, por exemplo, a possibilidade do governo influenciar a política industrial e a política educacional. A terceira dimensão refere-se à criação de redes organizacionais por meio da interação entre as três hélices, especialmente voltadas para a geração de novas idéias e para o desenvolvimento de tecnologias de ponta. A quarta dimensão reside na recursividade que ocorre em função dos efeitos das outras três dimensões sobre cada uma das hélices.

No que diz respeito ao ambiente universitário, a adoção do modelo da Tripla Hélice para a compreensão do processo de inovação tecnológica corresponderia a uma segunda revolução acadêmica, segundo a qual o desenvolvimento econômico é incorporado à missão institucional das universidades. A primei-

[3] É comum que o termo inglês *Triple Helix* seja compreendido, em português, como as hélices do motor de um barco. No entanto, a metáfora correta associa o termo ao modelo científico do DNA e de suas fitas entrelaçadas.

ra revolução acadêmica ocorreu no momento em que houve uma transformação radical no papel dos professores, que passaram a operar como formadores de jovens, abandonando o papel formal de acadêmicos no sentido clássico do termo. Enquanto alguns países apenas recentemente passaram pela primeira revolução acadêmica (França, Itália), nações como os Estados Unidos (EUA) estão em pleno movimento em direção à segunda revolução. Nesse país, que tem um modelo hegemônico, mas não necessariamente universal, a relação entre produção universitária e desenvolvimento econômico está sendo materializada na restruturação das atividades de pesquisa que passam a ser centradas em necessidades locais de desenvolvimento e na migração de tais atividades para campos estratégicos como a Biotecnologia, as Ciências da Informação, novos materiais, novos recursos energéticos, etc. Coincidentemente, tem-se aí algumas áreas econômica e comercialmente relevantes, que são as apontadas por Schaff (1995) para delimitar a Terceira Revolução Tecnológica.

Os autores evidenciam o papel de grandes corporações nesse movimento em direção a um novo conhecimento. No entanto, Etzkowitz e Leydersdoff não avançam nessa direção, é preciso igualmente formalizar um questionamento sobre a autonomia da universidade como *locus* de produção do conhecimento, independentemente de determinações mercadológicas ou corporativas e de imposições governamentais em troca de subvenções de pesquisa. Nesse sentido, a Tripla Hélice pode simplesmente tornar-se uma camisa de força para a pesquisa universitária, submetendo-a a necessidades forjadas por interesses econômicos e políticos distanciados de outros interesses sociais, especialmente em países como o nosso, em que o político e o industrial são muitas vezes o mesmo indivíduo, estrategicamente "entrincheirado" no Congresso Nacional. Nessa guerra, nenhuma garantia haveria da consideração das necessidades sociais com relação às quais a comunidade universitária parece ser geralmente mais sensível que nossa comunidade política e mais ainda que nossa comunidade industrial, como no caso da proteção ao meio ambiente, da produção de transgênicos e do desenvolvimento sustentável, para citar apenas três exemplos.

Um outro aspecto não tratado por Etzkowitz e Leydersdoff (1998) ao avançarem na delimitação da Tripla Hélice é o papel cada vez mais importante das Organizações Não-Governamentais (ONGs) no sistema de produção de conhecimentos. Temos aí uma temática totalmente em aberto, uma interessante pista de pesquisa em relação à qual não existem dados empíricos e/ou estudos sistematizados. No entanto, é inegável, no novo cenário mundial, o poder de pressão e de participação de centenas de milhares de ONGs (só nos EUA são 2 milhões) na definição de políticas de toda ordem, na prática do *lobby* parlamentar, na transferência, na vulgarização e na produção de conhecimentos em diferentes áreas do saber. Por exemplo, a Biblioteca Virtual de Políticas Públicas em Ciência e Tecnologia, do Projeto Prossiga do Conselho Nacional de Pesquisas, disponibiliza uma relação de organizações não governamentais brasileiras e estrangeiras que visam ampliar a consciência mundial na formulação de políticas públicas em ciência e tecnologia, buscando favorecer maior participação nos processos decisórios nesse campo, participação esta suscetível de apoiar e produzir benefícios para toda a sociedade (http://www.cnpq.br/prossiga/rei/politicas-publicas/naogo.html). No Estado de São Paulo, Hamburger e Matos (2001) evidenciam o papel de ONGs tais como a Associação Super Eco de Integração Ambiental e Desenvolvimento da Criança, o Grupo de Aplicação Interdisciplinar à Aprendizagem (Gaia), o Grupo de Investigação Didática e Ensino de Ciência (Idec), o Instituto Galileo Galilei para a Educação e o Instituto de Educação e Pesquisa Ambiental cinco elementos.

Igualmente, há um número crescente de ONGs incubadoras de empresas de base tecnológica, especialmente em campos de inovação como a Biotecnologia, a Informática, a Microeletrônica, etc. Parece-nos inegável que tais organizações, em diferentes esferas de atuação, vêm avançando no campo da produção científica e tecnológica, seja proporcionando vias alternativas de financiamento cujos objetivos divergem dos planos governamentais, das imposições industriais e das prioridades universitárias, seja suscitando interesse de participação e de interferência em procedimentos políticos relacionados com C & T, seja ainda criando mecanismos alternativos de divulgação de conhecimentos, que fogem ao controle de comunidades científicas já estabelecidas (simpósios, *workshops*, revistas alternativas de divulgação científica, etc.). Sem dúvida, essa é uma interessante pista de pesquisa a ser explorada para melhor elucidar os bastidores do sistema de produção do conhecimento científico e tecnológico e para permitir avanços na elaboração de modelos teóricos capazes de explicá-lo.

De todo modo, Etzkowitz e Leydersdoff (1998) anunciam que diversas nações, regiões e estados já estão prontos para funcionarem segundo a dinâmica da Tripla Hélice, que os proveria com um modelo adequado para mapear as novas possibilidades de combinações voltadas para a produção tecnológica. Evidentemente, há ainda diversos obstáculos para uma colaboração frutífera entre a universidade e os setores públicos e privados, como salienta Fernando Reinach, professor titular do Instituto de Química da Universidade de São Paulo, em recente entrevista à *Folha de S. Paulo* (*Folha de S. Paulo*, 2000), referindo-se ao caso brasileiro. O pesquisador enfatiza que:

> Não existem mecanismos para a iniciativa privada colocar dinheiro na rede pública de laboratórios, os cientistas não podem receber remuneração extra em razão da isonomia salarial universitária e o patenteamento de descobertas por universidades públicas é algo polêmico.[4]

Nesse sentido, os sistemas universitários do Cone Norte, especialmente os dos Estados Unidos, têm uma vantagem extraordinária na medida em que o próprio poder público avança na extinção de toda e qualquer barreira para viabilizar a instauração do M2, facilitando até mesmo a absorção de novos quadros tanto para o meio universitário quanto para o meio indus-

[4] A questão do patenteamento da produção científica e tecnológica é um tema crucial para o estreitamento de relações entre a academia, o governo e a indústria. A este respeito, W. Uitdewilligen, gerente de novas tecnologias da empresa farmacêutica Novartis Seeds Ltda., enfatiza que "a ausência de leis que permitem patentes limita os volumes de investimentos feitos pelo capital privado e passam ao serviço público a responsabilidade única de criação de novas tecnologias. Os recursos de origem pública disponíveis no Brasil são escassos, e a constante necessidade de sanar problemas imediatos elimina a possibilidade de investimentos de maturação mais longa como é o caso da pesquisa. Todos os investimentos feitos em pesquisa têm custos. Se forem de origem pública, serão pagos por toda a população sob a forma de impostos. Os de origem privada serão indenizados apenas por aqueles que usarem os produtos dela derivados, ou seja, ao contrário da pesquisa com recursos públicos, apenas os beneficiados pelas patentes pagam pelo seu descobrimento, o que é muito mais justo. Mais ainda, se a origem dos recursos for pública, os gastos serão antecipados à descoberta, enquanto nos de origem privada o pagamento é de acordo com o uso e sempre posterior ao serviço prestado pelo descobrimento". Tal declaração, feita ao caderno de Ciência do jornal *Correio Braziliense* de 2 de julho de 2000, revela a complexidade da questão e a aponta como interessante pista de investigação no campo da Sociologia do Conhecimento Científico e Tecnológico (*Correio Braziliense*, 2000a).

trial. Tal fenômeno de absorção de recursos humanos pelos Estados Unidos ocorre sem compromissos étnico-nacionalistas, causando outro fenômeno, o da fuga de cérebros dos países pobres (da África, da América do Sul e da Ásia), não somente mediante o oferecimento de melhores salários, mas também mediante possibilidades concretas de emprego do conhecimento adquirido em contextos tecnológicos avançados e promissores. Deste modo, como declarou para o jornal francês *Libération* o coordenador-geral da Conferência da ONU para a Cooperação e o Desenvolvimento, Hadib Ouane, ocorre uma transferência de tecnologia invertida que faz que países menos desenvolvidos percam um precioso fator de desenvolvimento (*Libération*, 2000). Esse fenômeno prejudica de modo substantivo as próprias estruturas nacionais para apoiar modelos inovadores de produção de conhecimentos científicos e tecnológicos, como aqueles diagnosticados tanto por Hughes (op. cit.) quanto por Etzkowitz e Leydersdoff (1998).[5]

De qualquer forma, apesar das desigualdades entre os países ricos e pobres e dos diferentes momentos em que se encontram estes últimos, o cenário atual indica um certo avanço na direção da instauração do M2 e da emergência de modelos

[5] O jornal *Folha de S. Paulo* apresenta, em sua edição de 18 de junho de 2000, interessante matéria sobre o tema da busca de inovação no exterior por parte de pesquisadores brasileiros e sobre a fuga de cérebros dos países pobres para os países ricos. Esse fenômeno, em princípio relacionado com as baixas remunerações atribuídas aos quadros científicos e tecnológicos das universidades públicas brasileiras, está também relacionado com a falta (ou o mal planejamento) dos investimentos em C & T no País, conforme declara em entrevista ao *Correio Braziliense*, em 2 de julho de 2000, p. 17, o Prof. Dr. Lauro Morhy, reitor da Universidade de Brasília, abordando a temática central da 52ª Reunião Anual da Sociedade Brasileira para o Progresso da Ciência (SBPC) e frisando que "infelizmente, os investimentos públicos nessa área não têm crescido em ritmo adequado – o que ameaça nosso futuro como nação".

interativos de produção de C & T envolvendo as esferas que dão forma à Tripla Hélice. Tendo em vista tal cenário, Etzkowitz e Leydersdoff (1998) formulam algumas questões:

1. Sob que condições a dinâmica de colaboração estabelecida pela Tripla Hélice criaria novas oportunidades para o estabelecimento de alianças estratégicas, para a criação de centros de pesquisa, de empresas inovadoras, de pequenas e médias empresas?
2. Qual seria o papel das forças do mercado, das políticas governamentais e do processo de restruturação tecnológica?
3. Qual é o potencial desta nova forma de organização (a Tripla Hélice) para a geração de empregos?

Com relação à primeira questão, os autores procuram evidenciar algumas características ou sintomas do surgimento do cenário anunciador de associações trilaterais universidade/indústria/governo. Eles mencionam, por exemplo, que nos EUA já há várias situações em que as universidades criam laboratórios com bastante autonomia em relação à dinâmica universitária. É o caso do Massachussets Institute of Technology (MIT), centro de pesquisa que com o da Universidade de Stanford serve de modelo para o funcionamento futuro das instituições de pesquisa. Ambos os centros caracterizam-se por aliar pesquisa e ensino com inovação industrial, destituindo o velho modelo estilo “Harward”, em que os objetivos da universidade giravam em torno de se atingir a “fronteira final da ciência”. Tais nichos da inovação, que também podem ser encontrados no Brasil (Instituto Nacional de Pesquisas Espaciais (Inpe), Fiocruz, Rede Sarah de Hospitais do Aparelho Locomotor, etc.), são organizações que constituem ambientes ideais para estudo da dinâmica da Tripla Hélice.

Centros de pesquisa como estes são portanto mais ágeis para interagir com a indústria e com o governo. Igualmente, há uma tendência internacional em torno do desenvolvimento de Pesquisa e Desenvolvimento (P & D) em estruturas emergentes (centros de pesquisa) e não mais no âmbito fechado de instituições acadêmicas e industriais isoladas. Ocorre nesses casos uma distribuição de atividades e de saberes entre as instâncias mediadoras do processo e o conhecimento não precisa mais ser transferido. Ele é desenvolvido em parceria (código distribuído). Trata-se de uma modalidade inovadora de cooperação na medida em que nos modelos tradicionais de interação universidade/empresa cada instância colaborava e negociava por meio dos próprios códigos e objetivos. Enquanto a universidade tinha de contrabalançar suas relações com a empresa e com seus objetivos acadêmicos (docência, publicações, etc.), a empresa o fazia igualmente com relação aos seus (obtenção de conhecimentos estratégicos e operacionais na perspectiva de geração de capital). Por sua vez, o governo tinha o papel de orquestrar a cooperação, sem intervir na mesma. Cada parceiro funcionava então segundo seu próprio "código". No entanto, o cenário emergente caminha no sentido de uma cooperação dialética baseada na comunicação e na integração institucional.

No contexto universitário, por exemplo, a perspectiva da resolução de problemas surge com força e esta instituição assume novos papéis característicos da atividade empreendedora: relacionar conhecimento com *marketing*, aplicar pesquisa no desenvolvimento de produtos e assumir o formato empresarial. Nessa perspectiva, Etzkowitz e Leydersdoff (1998) indicam também que essa perspectiva é caracterizada pela introdução gradual, no ambiente universitário, de mecanismos de facilitação das relações desse com o meio empresarial: escritórios de patente e de licenciamento de novas tecnologias, centros de pesquisa interdisciplinares com a participação da indústria, parques tecnológicos e incubadoras de empresas.

A recombinação de conhecimentos oriundos de diferentes fontes torna-se um elemento-chave para a resolução de problemas na medida em que suscita novos arranjos institucionais, que pressionam as instituições para a mudança. Há uma migração para um modo intensivo de produção de conhecimentos. Nesse contexto, instituições excessivamente hierarquizadas, como aquelas da ex-União Soviética, tendem a "entrar em crise" na medida em que têm de lidar com novos modos de produção de conhecimento, baseados na interação, na integração e na cooperação com outras instituições.

Com relação à segunda questão formulada, os autores mencionam que a situação de cooperação estabelecida pela Tripla Hélice é instável por natureza. Isso porque suas diferentes interfaces têm de continuamente adaptar seus interesses e códigos em prol de objetivos comuns, resolvendo problemas internos e adaptando-se constantemente em função de possibilidades de desenvolvimento conjunto, possibilidades essas que são igualmente "fabricadas". Um dos instrumentos para combater conflitos de interesses seria levar membros da comunidade universitária a desempenhar papéis duplos em ambos os lados da tradicional divisão entre a academia e a indústria. Segundo os autores, o potencial econômico e mercadológico de associações trilaterais tem de ser constantemente repensado, o que constitui o cenário de base para as opções e decisões que conduzem a pesquisa. A economia alicerçada em conhecimentos funcionaria estritamente na base da manipulação do conhecimento em função de expectativas diversas. A própria base institucional de uma tal economia seria uma espécie de laboratório para teste das expectativas dos parceiros em diferentes nichos de inovação. Tais testes podem requerer desde simples tubos de ensaios até infra-estruturas complexas.

O novo cenário de produção de inovações instaura então um novo regime para a pesquisa tecnológica, que surge em camadas, sem que o sistema anterior seja tacitamente abolido. Diferentes contextos de pesquisa podem ser criados, outros adaptados, outros desintegrados. A competição consistirá em uma espécie de motor indicativo da evolução das instituições e das corporações.

Mas não se trata de uma transição desprovida de complexidade. É interessante observar que Etzkowitz e Leydersdoff (1998) sugerem que a mudança de valores no meio industrial produzir-se-ia mais facilmente do que no ambiente universitário, na medida em que a atividade empreendedora, que caracteriza aquele meio, ultrapassa mais facilmente os limites estabelecidos pela tradição acadêmica na prática da pesquisa científica. Entretanto, a mudança de valores no ambiente universitário tende a ser mais aparente que real, pois é preciso lidar com formalismos e tradições no desenvolvimento da pesquisa.

Avançando nas questões apresentadas, os autores enfatizam que o *locus* futuro da pesquisa terá seu foco situado em contextos de pesquisas baseados nas facilidades do meio universitário, nas necessidades do meio industrial e nas políticas formuladas pelo meio governamental. Tais contextos são complexos, dinâmicos e de alto custo e devem ser construídos a partir de interações entre as três instituições colaboradoras, isto é, no seio da Tripla Hélice, formando redes de produção compartilhada de conhecimento. Nessa dinâmica, o mercado continua a ser o eixo norteador. No entanto, o foco central da competição deixa de ser centrado nos preços dos produtos, avançando igualmente na direção da competitividade dos mesmos, em seu grau de inovação, nas contingências históricas de seu desenvolvimento, em seu potencial econômico para regiões, estados, nações, corporações e também no contexto político que apoiou seu desenvolvimento. Seria necessário acrescentar a autonomia, o poder de pressão e de relativa liberdade das organizações não-governamentais, o que reforça a pertinência da inclusão desta "quarta hélice" no modelo proposto por Etzkowitz e Leydersdoff (1998).

Para os autores, dar-se conta da Tripla Hélice e considerá-la como modo emergente explicativo do processo de produção de conhecimentos científicos e tecnológicos corresponde a dar um passo adiante em relação ao modelo precedente, o M1, que instituiu a visão de que o desenvolvimento evoluía paralelamente em contextos diferentes e que não levava em conta a associação da ciência universitária, das possibilidades de desenvolvimento industrial e social e da intervenção governamental como ingredientes poderosos para a inovação.

Eles advertem, no entanto, que a Tripla Hélice não constitui um sistema heterogêneo no qual tudo vale em termos de relações entre os três parceiros do sistema. Há estruturas, critérios e eixos norteadores a serem respeitados para o estabelecimento das relações e interfaces. O estabelecimento de tais redes colaborativas entre a universidade, a indústria e o governo não substitui o tradicional sistema informal de comunicação entre essas instituições, mas as orienta no sentido de que elas se reorganizem de acordo com uma ordem emergente. Segundo essa nova ordem, as velhas estratégias de desenvolvimento econômico, algumas baseadas principalmente no setor industrial, como nos EUA, outras baseadas principalmente no setor governamental, como na América Latina, foram suplantadas, senão substituídas, por estratégias de desenvolvimento econômico baseadas em conhecimento, esboçadas por recursos oriundos das três esferas (acadêmica, industrial e governamental), sem desconsiderar o papel das organizações não-governamentais na formação de opinião e no exercício de pressões suscetíveis de direcionar a elaboração de políticas de C & T e de influenciar a própria atividade de pesquisa e desenvolvimento (Barros, 2001). As implicações deste novo cenário começam apenas a ser compreendidas, mas a emergência deste Novo Modo de Produção do Conhecimento, conforme se pode constatar nas considerações de Gibbons e colaboradores (1994) e de Etzkowitz e Leydersdoff (1998), gera grande demanda por profissionais devidamente capacitados e dotados de uma percepção menos hermética acerca da ciência, da tecnologia e das repercussões de ambas sobre a sociedade. Há, portanto, uma demanda por um "Novo Modo de Formação Científica e Tecnológica", como se discutirá no capítulo seguinte, à luz de um quadro teórico envolvendo os conceitos de Letramento Científico e Tecnológico (LCT) e as inter-relações entre a ciência, a tecnologia e a sociedade.

Capítulo 2

Ciência e tecnologia sob a ótica do Letramento Científico e Tecnológico

Atualmente, é difícil imaginar uma discussão sobre as possibilidades de desenvolvimento do mundo moderno, sobre a emergência e eventual consolidação do M2 ou sobre as possibilidades da vida humana no futuro sem se fazer referência à ciência e à tecnologia e a seu papel no processo de mudança, o que evidencia as complexas interações entre essas duas "áreas de expressão humana" e a sociedade (Boyle e Wheale, 1984). De fato, nos últimos anos, as inter-relações entre a ciência, a tecnologia e a sociedade têm sido apontadas como vitais para o desenvolvimento das nações, principalmente tendo em vista as grandes mudanças estruturais que caracterizam a transição de uma era industrial para uma era eminentemente tecnológica (Hobsbawn, 1995). Aliás, um dos mais importantes princípios do M2 fundamenta-se justamente na responsabilidade social dos produtores de ciência e tecnologia e na reflexibilidade.

Todo esse movimento em direção a uma nova sociedade tem colocado em evidência, entre outros aspectos, o papel da ciência e da tecnologia como fatores cruciais para estimular, impulsionar e manter o desenvolvimento socioeconômico dos países. Muitos economistas (principalmente Schumpeter) já demonstraram com clareza esta relação, enfatizando notadamente como inovações tecnológicas podem alimentar o sistema econômico, gerando uma série de novos produtos e fomentando a pesquisa em torno de "novas inovações" (Yearley, 1988). Nesse sentido, o sucesso econômico das nações passa necessariamente pelo progresso científico e tecnológico, idéia à qual também convergem analistas marxistas.

No entanto, qualquer que seja a perspectiva adotada, um grande número de autores enfatiza a "força" de tal relação entre ciência, tecnologia e sucesso econômico das nações, tais como Galbraith (1974), Gibbons e Jonhston (1974), Rosenberg (1982), Westrum (1991) etc. De fato, é inegável que a ciência e a tecnologia constituem condições para o desenvolvimento, como enfatiza Andrade (2000), referindo-se ao caso brasileiro e mencionando que:

> Para que o Brasil possa ampliar sua capacidade de absorver conhecimento, superando as condições de desigualdade socioeconômica, é indispensável incentivar o desenvolvimento científico e tecnológico. A política de ciência e tecnologia brasileira deve, portanto, considerar tais exigências, promovendo o resgate dos indicadores sociais e econômicos do país reduzindo, concomitantemente, a degradação de nosso meio ambiente e da qualidade de vida dos mais pobres. Dessa forma, amplia-se a capacidade de articulação das diferentes regiões brasileiras, consolidando as bases para o seu desenvolvimento sustentado sob nova perspectiva, mais dinâmica e tecnologicamente mais avançada (p. 30).

Mas, apesar de tal convergência de opiniões, é primordial que não se olvide que o desenvolvimento científico e tecnológico é resultado de um esforço de toda a sociedade e a sociedade como um todo precisa estar conscientizada da importância de se estabelecer com nitidez os objetivos da ciência e da tecnologia em seu sentido mais amplo. É igualmente importante que estejamos conscientes de que o advento da sociedade tecnológica, com todas as suas promessas, pode constituir-se, obviamente, em uma faca de dois gumes. Por um lado, há possibilidades concretas de melhoria geral da qualidade de vida da espécie humana pelo acesso a um arsenal de recursos científicos e tecnológicos com o poder de liberar-nos da rotina, do trabalho desumano, das doenças incuráveis, da massificação. Por outro lado, há o grande risco de se avançar rumo a uma armadilha, na qual seríamos subjugados por um desenvolvimento científico e tecnológico excludente cujas repercussões não são totalmente claras e que não colaboram necessária e concretamente para a melhoria geral das condições de vida, tanto individual quanto coletiva, que nos relegariam a meros joguetes da mídia e do sistema de produção, a simples espectadores passivos ou consumidores acríticos, em uma posição irrefletida com relação ao papel da ciência e da tecnologia no contexto de nossas vidas.

Contudo, quaisquer que sejam as previsões com relação à emergência de uma sociedade pós-industrial e de um novo modo de produção de conhecimentos, parece-nos claro que, em um futuro próximo, o exercício pleno da cidadania dependerá do acesso de todos a um conhecimento de base em ciência e em tecnologia, devidamente inter-relacionado com às questões de natureza social; a uma cultura geral de natureza científica e tecnológica, essencial para que possamos construir relações menos lineares da sociedade e de seus rumos. Nas duas últimas décadas, sobretudo nos países anglo-saxões e nos países do norte da Europa, a expressão "letramento científico e tecnológico" foi enfaticamente empregada para indicar a importância de um conhecimento de base em ciência e em tecnologia como pré-requisito para o exercício pleno da cidadania na sociedade do século XXI.[1] Trata-se de uma metáfora que faz referência, nos países mencionados, à importância que foi atribuída, no final do século passado, à alfabetização, no sentido próprio do termo e que constituiu a base para o desenvolvimento por eles alcançado no decorrer deste século. No contexto atual, tal expressão diz respeito a um conjunto de conhecimentos, atitudes e habilidades essenciais para a plena inserção do indivíduo na sociedade nova que gradativamente toma forma que deve caracterizar o século XXI.

No final do século XIX, tanto a classe trabalhadora quanto a classe patronal estimaram ser importante que a população como um todo tivesse acesso ao letramento, soubesse ler e escrever. Conforme esclarece Fourez (1994), o patronato, apesar de certa reticência inicial, via na alfabetização generalizada uma estratégia importante para a obtenção de uma mão-de-obra mais adaptada às modificações tecnológicas daquele período, hoje designado como "a primeira revolução industrial". Por sua vez, os trabalhadores percebiam na instrução um instrumento fundamental para sua emancipação e para acesso à cidadania social à qual se refere Sobral (2001) que diz respeito ao acesso à edu-

[1] Neste trabalho, o emprego da expressão "letramento científico e tecnológico" foi privilegiado a fim de estabelecer uma ligação direta com a expressão original inglesa "scientific and technology litteracy". A expressão "alfabetização científica e tecnológica", normalmente empregada na literatura de língua portuguesa, não traduz a idéia da aprendizagem continuada que deve ser estabelecida em torno do fato científico e tecnológico. A alfabetização é um fenômeno delimitado com começo, meio e fim, situado no início do processo de letramento que, a partir do momento em que o indivíduo está devidamente alfabetizado, prossegue ao longo da vida. Para uma ampla visão do sentido do termo "letramento" no processo de alfabetização, consultar Kleiman (1995) e Soares (1998).

cação primária pública.[2] Assim, a conjugação dos interesses de ambas as partes conduziu, gradativamente, à implantação da escola fundamental obrigatória nos países que hoje constituem o chamado "primeiro mundo".

Durante muito tempo, esta democratização do ensino foi contestada e muitas questões foram formuladas em torno de sua fundamentação e objetivos: os trabalhadores aprenderam a ler apenas para se tornarem bons consumidores, leitores de publicidade e de manuais técnicos? Tal saber possibilitou a eles uma verdadeira emancipação social e cultural? Ou ambos? Que significados atribuir a esse vasto movimento que conduziu milhares de professores a propagarem, por meio da alfabetização, como missionários, em todos os recantos dos países, os fundamentos da sociedade industrial? Como avaliar as perdas das culturas orais e do modo de vida que lhes era próprio? Enfim, qualquer que sejam as respostas que foram formuladas para tais questões, a alfabetização tornou-se, com o avançar do século XX, instrumento essencial para a promoção da dignidade da espécie humana nas sociedades ditas "desenvolvidas".

> Assim, a educação traria para o indivíduo a sua cidadania no sentido tanto do acesso ao ensino público e gratuito como de sua participação nas diferentes esferas do poder, o que significaria, para a sociedade, uma maior democratização e também uma maior autonomia (Sobral, 2001, p. 5).

---

[2] Sobral (2001), baseada em Marshall, propõe uma categorização de tipos de cidadania. A cidadania civil refere-se aos direitos necessários à liberdade individual. A cidadania política refere-se aos direitos de participação no exercício do poder. A cidadania social refere-se aos direitos de acesso à educação fundamental gratuita e de qualidade.

É nesta mesma perspectiva que, de acordo com Fourez (1995), convém situar o movimento do Letramento Científico e Tecnológico, na medida em que já é sabido que sem nenhuma familiaridade com o empreendimento científico e com o empreendimento tecnológico é inútil para o cidadão pretender assegurar-se um lugar na sociedade emergente. Tal é igualmente a posição de Vidal (2000) ao enfatizar que:

> O cunho marcadamente científico e tecnológico que a sociedade adquire na segunda metade do século XX começa a revelar um paradoxo que se acentua com o passar dos anos: quanto mais a sociedade aumenta a performance científica e tecnológica no seu cotidiano, mais se evidencia o grau de analfabetismo científico e tecnológico das pessoas que vivem nesta mesma sociedade (p. I).

Até na música popular brasileira encontramos ecos desta demanda social, como é o caso da canção *Queremos saber*, de Gilberto Gil:

> Queremos saber, o que vão fazer
> Com as novas invenções
> Queremos notícia mais séria
> Sobre a descoberta da antimatéria
> E suas implicações
> Na emancipação do homem
> Das grandes populações
> Homens pobres das cidades
> Das estepes, dos sertões
> Queremos saber, quando vamos ter
> Raio lazer mais barato

Queremos, de fato, um relato
Retrato mais sério do mistério da luz
Luz do disco-voador
Pra iluminação do homem
Tão carente, sofredor
Tão perdido na distância
Da Morada do Senhor
Queremos saber, queremos viver
Confiantes no futuro
Por isso se faz necessário prever
Qual o itinerário da ilusão
A ilusão do poder
Pois, se foi permitido ao homem
Tantas coisas conhecer
É melhor que todos saibam
O que pode acontecer
Queremos saber
Queremos saber
Todos queremos saber

No entanto, tal condição de cidadania é questionada por muitos na medida em que, sem nenhuma dúvida, o Letramento Científico e Tecnológico é igualmente um elemento de formação indispensável para a manutenção da sociedade de consumo que se afirma cada vez mais e na qual tudo tende a ser instrumentalizado, outro importante princípio do M2.

Evidentemente, e diversas contribuições o tem apontado (Franklin, 1995; Webster, 1991; Yearley, 1988), a participação efetiva do cidadão na sociedade tecnológica não depende unicamente da democratização do conhecimento científico e tecnológico para que ele possa construir representações menos herméticas acerca de tal conhecimento e melhor compreender seu papel no contexto das decisões a serem tomadas sobre os rumos da ciência e da tecnologia. Sem dúvida, a democratização do conhecimento é um importante vetor contributório para uma eventual solidificação do M2 que se relaciona com a percepção da realidade e com o exercício pleno da cidadania na sociedade emergente. No entanto, acreditamos ser importante considerar que o processo de construção de conhecimentos apresenta dimensões delimitadas por uma dinâmica coercitiva extrínseca ao indivíduo e exercida pelo grupo social ao qual ele pertence.

Weber (apud Morrison, 1995) situa essa dinâmica coercitiva primeiramente no processo, isto é, na elaboração de conhecimentos, e depois no produto, ou seja, nos conhecimentos elaborados. Efetivamente, tendo em vista que, para Weber, as causas são dadas pela natureza, sendo conseqüentemente objetivas como todo e qualquer fenômeno natural, a subjetividade do observador toma corpo exatamente no momento em que ele observa o real. E é nesse momento que as representações coletivas agem sobre o indivíduo, impedindo-o de divergir, de adotar perspectivas e visões do mundo inéditas, diferentes, dissonantes para com o pensamento do grupo ao qual ele pertence. A sintonia e a adesão do indivíduo com relação a uma dinâmica social qualquer, como o M2 por exemplo, corresponde portanto a um processo de coesão social que reforça os elos entre o indivíduo e seu grupo, por meio do reconhecimento recíproco. Tendo em vista que o indivíduo se reconhece no grupo, que por sua vez se reconhece no indivíduo, a ordem é mantida e a coesão social assegurada. Em seguida, uma vez aceito e compartilhado, o novo modelo passa a ser um novo elemento coercitivo com relação à emergência de novas idéias suscetíveis de esfacelarem o grupo, de enfraquecerem os elos entre seus membros. Nesse sentido, todo processo de produção de conhecimentos tem uma base absolutamente racional e relaciona-se com elementos causais e com objetivos-fim, tendo no meio do caminho que se confrontar com a subjetividade dos objetivos-meio produzidos pelo próprio sujeito que faz então emergir suas representações, valores, necessidades e aspirações.

Marx certamente veria na dinâmica coercitiva em questão o resultado de um determinismo histórico segundo o qual todo o conhecimento seria apenas uma espécie de superestrutura das estruturas econômicas, tendo em vista que as maneiras de pensar são condicionadas pelas situações materiais e econômicas. Segundo Fourez (1995), antes de Marx acreditava-se que a evolução das concepções se fazia de maneira paralela, mas independentemente da evolução material, enquanto a intuição de Marx as viu unidas. Desse modo, a percepção da realidade para a construção de conhecimentos seria delimitada por um vínculo estreito entre a produção e o desenvolvimento econômico, por relações dialéticas entre o ideológico, o político e o econômico. A perspectiva marxista propõe a idéia de que o desenvolvimento das ciências e das técnicas só ocorre sob a pressão de necessidades econômicas, em um contexto de luta de classes e inter-relacionado com as idéias que emergem da superestrutura social (Morrison, 1995). Segundo uma tal perspectiva, o M2 surge praticamente como uma imposição social, articulada pelas próprias condições materiais objetivas da sociedade pós-industrial (Kocka, 1997).

Já Durkheim (apud Morrison, 1995; Giddens, 1998) situa o elemento coercitivo suscetível de conduzir o indivíduo a participar efetivamente de um modelo de sociedade, primeiramente no produto da observação da realidade. Assim, o próprio modo de funcionamento da sociedade, assumindo estatutos hegemônicos, torna-se fator de coesão social proporcionando o estabelecimento de relações de solidariedade entre os membros do grupo. Os sintomas da emergência do M2 seriam assim, na perspectiva durkheiniana, fatores coercitivos que, uma vez compartilhados por todos, teriam uma influência decisiva sobre a consolidação do novo modelo de produção de conhecimentos. Para Durkheim é o grupo que cria os grandes ideais coletivos e a ciência e a tecnologia devem estar assentadas na opinião coletiva, pois somente assim poderiam exercer papéis de reforço da solidariedade e de fio condutor das percepções coletivas acerca da realidade.

Nessa perspectiva, o conhecimento científico e tecnológico teria o mesmo estatuto que o conhecimento religioso, embora a adesão a uma vertente científica devidamente reconhecida e estabelecida distancie o indivíduo do misticismo, da magia ou do conhecimento do senso comum, este último também importante para a constituição do indivíduo, conforme enfatiza Rodrigues Júnior (2001). As representações, valores, necessidades e aspirações do indivíduo com relação ao real devem então estar a serviço da coletividade que, uma vez reforçada pelo que se passa no seio de cada indivíduo, pode evoluir, desde que tal evolução seja um processo coletivo, como uma manada de elefantes que caminha no mesmo passo, na mesma velocidade, na mesma decisão rumo a um mesmo destino. Weber diria que os elefantes precisam ter a mesma percepção acerca do destino que os espera e saber como chegarão até lá. É isso o que os manterá coesos como manada. Marx pretenderia que a coesão dos elefantes é resultado do poder que tem sobre eles a superestrutura social da qual eles fazem parte. Para Durkheim, apenas a unicidade da percepção do caminho importa e se todos os elefantes estiverem solidários, eles se manterão agrupados.

Dando continuidade ao raciocínio construído em torno das inter-relações entre a ciência, a tecnologia e a sociedade, é vital que o indivíduo compreenda que existem relações cruciais e inevitáveis entre o empreendimento científico e o empreendimento tecnológico e que ambos influem de maneira decisiva na sociedade. Nesse sentido, o movimento do Letramento Científico e Tecnológico (LCT) passa a ser um componente de um movimento maior, holístico e dinâmico, o movimento Ciência–Tecnologia–Sociedade (CTS).

A importância atribuída ao letramento científico e tecnológico e ao movimento CTS nos países industrializados surge principalmente em resposta a uma crise generalizada no âmbito da formação científico/tecnológica em todos os níveis de ensino e assinala a necessidade da adoção de um novo modo de formação científica e tecnológica para fazer face ao novo modo de produção. Tal crise é evidenciada, por exemplo, na ineficácia dos métodos de ensino de Ciências, que via de regra perpetuam a idéia de que a prática científica é de natureza elitizada e fechada, desinteressando as novas gerações, esvaziando os cursos científicos universitários e comprometendo projetos nacionais de desenvolvimento científico e tecnológico a médio e a longo prazo. Sobre tal dimensão dessa crise, a Organização das Nações Unidas de Educação (Unesco), revelou um quadro preocupante em escala mundial durante o Fórum do ano 2000, realizado em 1993, que enfatizou principalmente a falta de pertinência dos modelos de educação científica atualmente em voga (Morgan, 1993).

No caso do Brasil, tal situação é bastante grave, vem sendo perpetuada e, a nosso ver, compromete fortemente os propósitos nacionais de inserção do País na sociedade tecnológica emergente e no Novo Modo de Produção de Conhecimentos.

Trata-se de uma dinâmica viciosa que tem sua gênese na escola fundamental, na qual a criança em fase de início de escolarização tem contato pela primeira vez com conhecimentos sistematizados acerca da ciência e da tecnologia, conforme prevêem os Parâmetros Curriculares Nacionais (MEC, 1997). No entanto, tal prescrição é via de regra inviabilizada pelos próprios professores responsáveis por tal iniciação científica. Oriundos de faculdades de educação, na qual recebem uma formação generalista, os pedagogos que atuam nas quatro primeiras séries do ensino fundamental têm como característica o fato de se terem distanciado, ao longo de toda sua formação escolar e universitária, das Ciências Naturais (Física, Química, Biologia). Conseqüentemente, tais profissionais docentes abordam o ensino de Ciências de modo inadequado, reproduzindo traumas, equívocos e representações herméticas que eles próprios detêm como indivíduos. Esses dados empíricos, provenientes de vários anos de observações não-sistematizadas na disciplina "Ciências para início de escolarização", na Faculdade de Educação da Universidade de Brasília, evidenciam a existência de um quadro preocupante, em que os futuros professores acabem por desenvolver em seus alunos um certo temor pelas áreas científicas, que se perpetua ao longo de toda a escolarização até o ensino de nível superior, no qual os cursos relacionados com essas áreas se esvaziam cada vez mais.

Diversas pesquisas acerca das representações de professores sobre a Ciência (Désautels e Larochelle, 1995; Berthelot, 1987) e sobre a tecnologia (Lacerda Santos, 1997) têm revelado essa situação problemática. Essas pesquisas enfatizam a necessidade crucial de se avançar na melhoria do ensino científico e tecnológico como estratégia para o desenvolvimento sustentável, o que evidencia a dimensão socioeconômica da referida crise, conforme enfatizam Walks (1986) e a *American Association for the Advancement of Science*, por meio dos documentos oficiais *Science for All Americans* e *Project 2001*. De acordo com tais publicações, que se referem exclusivamente ao contexto dos países desenvolvidos, professores e cientistas têm constantemente enfatizado a incontestabilidade da relação entre ciência, tecnologia e poder, e anunciado que a diminuição crescente de cientistas nos países do Hemisfério Norte e a ausência de uma sólida cultura científica e tecnológica no seio da população são fatores absolutamente ameaçadores para o Ocidente.

A inquietude com relação à formação científica e tecnológica das novas gerações não é recente. Desde os anos 1950, quando do lançamento da *Sputnik* pelos russos, os países ocidentais começaram a desenvolver programas e a formalizar políticas de formação científica e tecnológica, voltados notadamente para objetivos político-econômicos, tendo em vista a Guerra Fria, em detrimento de objetivos sociais e culturais, em razão das necessidades humanas. Conseqüentemente, tais ações tinham como objetivo principal a formação de uma elite científica e tecnológica capaz de fazer triunfar, especialmente, a "civilização" estadunidense. Tal meta foi amplamente atingida com a adoção de um sistema de formação baseado em sucessivas especializações, cujos resultados foram bastante positivos a curto prazo. No entanto, a longo prazo, os resultados desse modelo demonstraram que, de um lado, a população em geral mantinha-se bastante distanciada da prática científica, hierarquizada e especializada por natureza, deixando aos ditos especialistas o privilégio e a responsabilidade de determinar os rumos da sociedade em termos de ciência e tecnologia. No entanto, e como conseqüência do anterior, os resultados demonstraram que a elitização da ciência e da tecnologia acabou por conduzir a sociedade como um todo na direção de problemas cruciais, incontornáveis e relacionados com a própria sobrevivência da espécie humana, como a degradação do meio ambiente, a destruição da camada de ozônio, o aquecimento global, a poluição, a acentuação desmedida do desequilíbrio socioeconômico mundial, o desaparecimento de espécies animais, etc.

Tendo em vista o exposto, o movimento em torno do trinômio ciência/tecnologia/sociedade surge baseado em três eixos principais: o eixo político-econômico, o eixo social e o eixo humanista. O primeiro eixo articula-se em torno da necessidade de uma participação efetiva da população na delimitação da cultura científica e tecnológica para garantir a manutenção da hegemonia política e econômica das nações desenvolvidas e para abrir as portas do desenvolvimento às nações do Terceiro Mundo, dimensões que acentuam bastante as relações entre conhecimento científico, conhecimento tecnológico e poder. De fato, é hoje inquestionável que um crescimento contínuo e a longo prazo só pode ser assegurado se investimentos importantes na produção científica e tecnológica forem conjugados com investimentos igualmente importantes na formação de cientistas e de tecnólogos e na melhoria da formação científica e tecnológica da população como um todo (Soltman, 1993). Nessa perspectiva, o Letramento Científico e Tecnológico, assim como todo o movimento CTS, podem ser situados no conjunto dos movimentos que, desde o século XVIII, associam instrução a aumento de riquezas e de poder.

O eixo social do movimento CTS encontra sua justificativa no fato de que é cada vez mais evidente que, desprovidos de uma cultura científica e tecnológica geral, os sistemas democráticos tornam-se bastante vulneráveis à tecnocracia. Nesse sentido, os objetivos de um Letramento Científico e Tecnológico seriam direcionados para assegurar que decisões de natureza tecnológica ou científica, apresentando repercussões sociais importantes, positivas ou negativas, possam ser compreendidas por todos e controladas democraticamente. Há, assim, uma questão de divisão de poder com a sociedade ou, em última instância, uma via suscetível de evitar que a população não se sinta completamente impotente em face do omnipresente e inevitável aparato científico–tecnológico, no sentido amplo desses termos.

O terceiro eixo do movimento CTS refere-se a uma dimensão humanista que tem por objetivo conduzir cada cidadão a inteirar-se da cultura científica e tecnológica produzida pela humanidade, a compreender sua dimensão histórica, epistemológica, estética, ética e cultural.

A associação desses três eixos em torno de um sistema de formação seria portanto imprescindível para possibilitar a emergência do M2 e para conduzir o indivíduo a:

1. Utilizar conceitos científicos e ser capaz de integrar teoria e prática na tomada de decisões na vida cotidiana.
2. Compreender que a sociedade exerce controle sobre a ciência e a tecnologia, assim como estas últimas influenciam substancialmente os rumos da sociedade.
3. Compreender que a sociedade exerce um controle sobre a ciência e a tecnologia por meio das subvenções de pesquisa concedidas.
4. Reconhecer os limites e as possibilidades da aplicação da ciência e da tecnologia para o progresso da sociedade.
5. Conhecer os principais conceitos, hipóteses e teorias científicas e ser capaz de explicá-los.
6. Compreender as origens da ciência e da tecnologia e reconhecer que o conhecimento científico e tecnológico é multifa-

cetado, multidimensionado e produzido por uma dinâmica que Knorr-Cetina (1982) chamou de arenas transepistêmicas.

7. Apreciar o valor da pesquisa e do desenvolvimento científico/tecnológico.
8. Reconhecer as fontes fiáveis de informações científicas e tecnológicas e saber utilizá-las para subsidiar a tomada de decisões.

O Letramento Científico e Tecnológico é inegavelmente um forte componente na expansão do nível socioeconômico das nações. Assim, é importante que sejam mobilizados recursos para se responder às demandas da sociedade brasileira na aceleração do desenvolvimento socioeconômico baseado no progresso científico/tecnológico, de forma que facilite o crescimento consistente e o acesso de toda a população aos benefícios da vida moderna. Para tanto, alguns obstáculos devem ser superados. O principal deles é a desigualdade de oportunidades de acesso ao conhecimento entre países mais e menos desenvolvidos, em um momento em que o conhecimento é a chave para o progresso. É preciso vir à luz uma nova ordem mundial de acesso ao conhecimento, à ciência e à tecnologia, visando garantir um desenvolvimento harmonioso, equitável e auto-sustentado entre os povos. Para avançar nessa direção, sistemas escolares de todo o mundo, e especialmente dos países em desenvolvimento, necessitam adotar estratégias de ensino que contribuam efetivamente para o acesso amplo e irrestrito ao letramento científico e tecnológico.[3]

---

[3] Um exemplo de iniciativa voltada para trazer a público o debate sobre CTS pode ser visto no *site* do Núcleo de Estudos e Pesquisas em Educação Tecnológica da Universidade Federal de Santa Catarina (www.emc.ufsc.br/nepet).

Os conhecimentos importantes para o LCT têm sido apontados por diversos autores, mas há ainda questões cruciais a serem respondidas, tais como:

1. Que equilíbrio estabelecer entre os modelos teóricos e os modelos pragmáticos para a abordagem curricular da ciência e da tecnologia?
2. Que estratégias permitiriam desmistificar a ciência e a tecnologia com os professores de Ciências para as séries iniciais do ensino fundamental?
3. Que relações entre a ciência, a tecnologia e a sociedade devem ser veiculadas nos cursos de formação de professores, na perspectiva de que eles avancem no processo do Letramento Científico e Tecnológico?
4. Que relações estabeler entre os diferentes campos de saber que contextualizam e delimitam a ciência e a tecnologia?
5. Como construir cursos de Ciências nos quais a ciência e a tecnologia sejam vistos de modo menos hermético?
6. Como fazer evoluir as posturas dos professores com relação ao conhecimento científico e tecnológico?
7. Que relações devem estabeler os professores de Ciências com a formação científica recebida na Universidade?

Como motor do Letramento Científico e Tecnológico e da instauração do M2, o movimento CTS tem como principal característica o estudo **sobre** em vez de **em** ciência e tecnologia. Em outros termos, o "o que" (a mera sucessão de fatos, nomes e datas que fazem a história de C & T) deve ser intimamente relacionado ao como, ao aonde, ao quando, ao porquê e ao para quê do empreendimento científico e tecnológico, como enfatizam Bruzzi e Lacerda Santos (1997). Tal concepção holística opõe-se ao descomprometimento do indivíduo com valores e atitudes que não protegem o ser humano do uso irrefletido da ciência e da tecnologia. Opõe-se também à desconsideração das condições sociais e cognitivas que permeiam a produção de ciência e tecnologia, como aborda Latour (op. cit.). E é justamente esse o desafio que a sociedade tecnológica nos propõe: aprender como fazer distinções entre o conhecimento de que precisamos daquele que não precisamos, especialmente daquele que não podemos controlar (Bruzzi, 1995).

E, nessa perspectiva, as instituições de ensino têm um importante papel a desempenhar, desde o nível do ensino fundamental até o do ensino superior. Assim sendo, muitas considerações poderiam ser tecidas com relação à instauração de um Novo Modo de Formação em todos os níveis de ensino. No entanto, para fins de delimitação dessa tese, o foco será centrado na formação fundamental em ciência e em tecnologia e no papel crucial do professor de Ciências na transposição de conhecimentos científicos e tecnológicos para a criança em processo de início de escolarização, de construção de uma base de conhecimentos que a impulsionará nas séries subseqüentes.

Como já foi mencionado anteriormente, é nas séries iniciais do ensino fundamental que a criança é introduzida ao estudo e à compreensão da ciência e da tecnologia como fenômenos socialmente construídos e contextualizados (Bizzo, 2001). Nesse sentido, é evidente que o profissional docente atuando nessas séries tem uma responsabilidade importante com relação ao interesse futuro do indivíduo pela ciência e pela tecnologia. Observe-se o que ensina a teoria didática acerca do modo de funcionamento do profissional docente, no contexto da relação educativa.

Em seu cotidiano profissional, o professor de Ciências, como qualquer outro docente, é continuamente chamado a estabelecer interações entre saberes múltiplos, oriundos dos parceiros do diálogo pedagógico (professor e aluno) e da sociedade como um todo (conteúdo). Tais relações delimitam o que Chevallard (1991) denominou de "Triângulo didático" (Figura 1):

FIGURA 1
Representação do triângulo didático

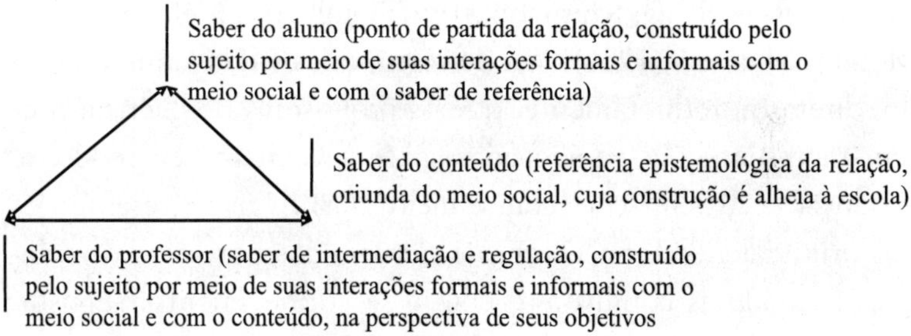

Na medida em que desempenha sua função reguladora e intermediadora entre o saber do aluno e o saber do conteúdo, o professor de Ciências age como um elemento de ligação entre conhecimentos formalmente delimitados (em função de premissas epistemológicas) e versões didáticas desses mesmos conhecimentos (em função de premissas pedagógicas inerentes ao processo de ensino/aprendizagem). Nesse processo de transposição didática de conhecimentos (Chevallard, 1991), o professor tem a responsabilidade de assegurar que o conhecimento formal seja traduzido segundo uma versão didática adequada e válida, suscetível de ser tratada como matéria de ensino e como objeto de aprendizagem. Para tanto, ele precisa ter estabelecido relações prévias com tal conhecimento, tê-lo compreendido do ponto de vista externo e interno. Em resumo, ele precisa conhecer a matéria a ser ensinada, aproximando-se de sua lógica de produção, de seus sistemas de tratamento, de representações e de significações.

Nos últimos anos, diversas pesquisas têm se voltado para apontar a relação estreita existente entre as representações e crenças de professores de Ciências acerca do conhecimento científico e o modo como tal conhecimento é transmitido por esses professores por meio de programas escolares (Cronin-Jones, 1991; McDermott, 1990; Bruzzi, 1995; Désautels, Larochelle, Gagné e Ruel, 1993; Krasilchik, 1987; Guilbert e Meloche, 1993; Moreno Marinon, 1986). Via de regra, tais estudos têm apontado, direta ou indiretamente, que os professores de Ciências detêm representações equivocadas sobre a Ciência, seu modo de produção e suas relações com o meio social. Tais representações são oriundas do senso comum e construídas por meio de relações individuais conflituosas com esse conhecimento, supostamente tão hermético, elaborado, de difícil acesso e compreensão. Elas têm repercussões muito negativas sobre a formação das novas gerações na medida em que parecem criar e estabelecer uma espécie de círculo vicioso centrado no estabelecimento de uma fronteira protocolar, muitas vezes intransponível, entre o cidadão comum e o mundo da ciência e da tecnologia.

Na medida em que se fixa a atenção sobre os professores das séries iniciais do ensino fundamental, percebe-se que a situação é bastante complexa e grave. A maioria desses profissionais docentes, que tem a função social de introduzir a criança na dinâmica das interações com o saber por meio da escola, distanciou-se ou foi distanciada, ao longo de sua formação escolar, de conteúdos de natureza científica e tecnológica; descartou de suas vidas e de seus projetos profissionais, por razões socioeconômicas diversas, toda e qualquer abordagem da ciência e da tecnologia e, conseqüentemente, evita ou simplifica ao máximo o tratamento de tais conteúdos na escola fundamental. No entanto, é a esse indivíduo, uma vez formado e inserido no mercado de trabalho, que a sociedade atribui a responsabilidade de despertar o interesse da criança pela ciência e pela tecnologia e de fazê-la iniciar a compreensão dos complexos e intrincados processos de produção do conhecimento, compreensão essa que constitui o embrião da formação do cidadão para operar no contexto do M2.

Mas, como pode o pedagogo intermediar a transposição de saberes que, para ele, constituem uma verdadeira caixa preta, são inabordáveis em sua essência, indiscutíveis em sua forma e inexoráveis em seus efeitos? Como pode este profissional docente desmistificá-los para seus alunos? Que transposição de conhecimentos poderá ele operar se os conhecimentos em questão sequer são percebidos como tal e se o indivíduo não é visto como parte ativa e determinante com relação aos *inputs* e aos *outputs* do sistema científico/tecnológico?

Essas questões delimitam uma situação problemática carecendo de estudos para que a sociedade como um todo possa construir representações mais amplas e nítidas com relação à ciência e à tecnologia e a seu processo de produção; para que se possa compreender que tais conhecimentos são produzidos por tramas complexas envolvendo cientistas, inventores, tecnólogos, industriais, consumidores, políticos, etc., e que eles não vêm de fora da sociedade mas de seu interior, justamente como fatores suscetíveis de transformá-la, apresentando dimensões econômicas, culturais, ideológicas, políticas e científicas que os situam no centro de processos sociais igualmente complexos.

Capítulo 3

Representações sociais de professores sobre ciência e tecnologia

Tendo em vista a configuração da situação problemática apresentada, muitos avanços têm sido feitos no sentido de se desmistificar a ciência, a tecnologia e seu processo de produção com os professores de Ciências das séries iniciais do ensino fundamental. Sem negligenciar as condições cognitivas, áreas de estudos como a Didática das Ciências, a Sociologia da Ciência e a Filosofia da Ciência têm evidenciado, de maneira sistemática, as condições sociais da produção da Ciência e da Tecnologia (Carvalho e Gil-Pérez, 1993; Fourez, 1995; Chalmers, 1986; Knorr-Cetina, 1981). Existe, portanto, uma grande expectativa de que, em função desta "virada epistemológica", o professor de Ciências[1] possa compreender que a produção científico/tecnológica e a aplicação de seus resultados são ações humanas impregnadas de significações éticas, políticas, econômicas e culturais, que não podem ser ignoradas na medida em que se tem em mente a edificação de uma sociedade minimamente viável e auto-sustentável, palavras-chave incontornáveis para

[1] Convém relembrar que a expressão "professor de Ciências" designa o profissional docente, o pedagogo que atua nas séries iniciais do ensino fundamental (1ª a 4ª série).

se definir a sociedade nova e para se redefinir a formação escolar das novas gerações.

Em resumo, tais avanços teórico/conceituais permitem perceber claramente que o professor de Ciências não tem apenas de tratar de Ciência em sua prática pedagógica, mas é também chamado a estabelecer relações desta com o empreendimento tecnológico e a evidenciar as influências de ambos sobre a configuração da sociedade atual e futura. E tal percepção, dada sua importância crucial para a própria sobrevivência da espécie humana, começa gradativamente a ser evidenciada em livros didáticos, em programas escolares e em Parâmetros Curriculares para o Ensino de Ciências, como aquele elaborado em 1977 pelo Ministério da Educação para o ensino fundamental brasileiro, que tem como um dos objetivos mais importantes "... oferecer aos educadores alguns elementos que lhes permitam compreender as dimensões do fazer científico, sua relação de mão dupla com o tecnológico e o caráter não/neutro desses fazeres humanos" (MEC, op. cit., p. 26).

Mas, que representações tais professores constróem e transmitem acerca da ciência e da tecnologia, e de que forma essas representações podem comprometer a emergência de uma cultura científica e tecnológica necessária para apoiar a instauração do Novo Modo de Produção do Conhecimento previsto por Gibbons (1994)?

Essa questão foi formulada tendo como ponto de partida uma hipótese de trabalho segundo a qual os alunos de cursos de licenciatura em Pedagogia, futuros professores de Ciências do ensino fundamental, desconhecem o jogo da produção e da difusão da ciência e da tecnologia e estabelecem uma relação hermética e formal com conteúdos relacionados com essas áreas. Conseqüentemente, supomos que eles atribuem a esses conhecimentos o mesmo estatuto epistemológico atribuído ao conhecimento oriundo do senso comum em seu sentido "natural", isto é, relacionado com o conhecimento científico bastante vulgarizado, como a fórmula da água ou a noção de célula que, de tão difundidos na sociedade, parecem independer da intervenção humana, estando circunscritos à esfera do consumo não reflexivo. Nesse sentido, a ciência e a tecnologia seriam percebidas como elementos mistificados e mistificadores, cabendo então aos indivíduos envolvidos com a sua produção e manejo um estatuto social diferenciado, exatamente como acontece com aqueles que lidam com saberes oriundos do senso comum em seu sentido "sobrenatural", ou seja, de natureza mística, mágica e religiosa. Considerando-se o exposto, o científico e o tecnológico seriam vistos por esses professores como elementos naturais e óbvios, o que os isenta de críticas e desresponsabiliza o cidadão comum.

O estudo de representações proposto, que se refere à elucidação da história cultural de um grupo com relação a um tema específico (Malerba, 2000), foi desenvolvido à luz do conceito de "representação social" formulado em 1961 pelo francês Serge Moscovici, em um estudo sobre concepções coletivas acerca da Psicanálise. Para avançar em sua conceituação, Moscovici retomou e renovou o conceito de "representação coletiva" formulado por Durkheim, para quem a compreensão da maneira como a sociedade se representa a si e ao mundo passa pela compreensão da natureza da sociedade e não da natureza do indivíduo, pelas concepções dos grupos e não pelas dos particulares (Dauster, 2000). Para Durkheim (1978),

> ... as representações coletivas traduzem a maneira como o grupo se pensa nas suas relações com os objetos que o afetam. Ora,

> o grupo é constituído de modo diferente do indivíduo e as coisas que o afetam são de uma outra natureza. Logo, representações que não exprimem nem os mesmos sujeitos, nem os mesmos objetos não poderiam depender das mesmas causas. Para compreender a maneira como a sociedade se representa a si própria e ao mundo que a rodeia, precisamos considerar a natureza da sociedade e não a de particulares (p. 79).

Como enfatiza Alvez-Mazzoti (2000), Moscovici vai buscar no método durkheiniano, cujo espírito está resumido na citação anterior, elementos teóricos que lhe permitem estabelecer um modelo capaz de dar conta dos mecanismos psicológicos e sociais que atuam na produção de representações, as quais dizem respeito a uma família de conceitos – ideologia, visão de mundo, idéia-força, mito, utopia – que se referem a uma elaboração teórica complexa, que por sua vez não somente reflete relações sociais, mas também contribui para solidificá-las.

O projeto de fazer da Sociologia uma ciência autônoma, caracterizada por uma metodologia de pesquisa própria, era o grande desafio de Durkheim, para quem a sociedade poderia ser explicada unicamente pelas relações sociais, pela análise dos fatos sociais. Estes últimos, como salienta Dauster (2000) citando Durkheim, constituem tudo o que é produzido na e pela sociedade, ou, ainda, o que interessa e afeta o grupo de qualquer modo. Os fatos sociais são representações que diferem entre si porque apresentam condições de produção distintas. São fatores de coerção na medida em que seu caráter coletivo e de obrigatoriedade relativa moldam os indivíduos para que funcionem de acordo com as expectativas do grupo que o acolhe.

Para Moscovici, tanto quanto para Durkheim, as representações coletivas ou sociais têm uma grande função simbólica e um enorme poder de construção do real. No entanto, o pesquisador francês enfatiza a distinção entre o conceito de representação social de alguns outros conceitos que permeavam – e ainda permeiam – a Psicologia Social, como os conceitos de opinião, atitude e imagem. Alvez-Mazzoti (2000) fornece alguns esclarecimentos a esse respeito:

> [Moscovici] afirma que estes conceitos [de opinião, atitude e imagem] pressupunham a existência de um estímulo externo, dado, ao qual o indivíduo responde. No caso das representações sociais, porém, parte-se da premissa de que não existe separação entre o universo externo e o universo interno do sujeito: em sua atividade representativa, ele não reproduz passivamente um objeto dado, mas, de certa forma, o reconstrói e, ao fazê-lo, se constitui como sujeito, na medida em que, ao apreendê-lo de uma dada maneira, ele próprio se situa no universo social e material (p. 59).

Ora, como sugerem algumas pesquisas já mencionadas, que estudam representações de professores sobre a Ciência (Désautels e Larochelle, 1995; Berthelot, 1987; Cronin-Jones, 1991; Bruzzi, 1995; McDermott, 1990; Désautels, Larochelle, Gagné e Ruel, 1993; Krasilchik, 1987; Guilbert e Meloche, 1993; Moreno Marinon, 1986), estas representações são de tal modo integradas ao sistema cognitivo do indivíduo que ele nelas crê e as reproduz com a segurança da formulação de "verdades universais", de teorias coletivas sobre o real, sistemas que têm uma lógica e uma linguagem particulares, uma estrutura de implicações baseada em valores e conceitos que "determinam o campo das comunicações possíveis, dos valores e das idéias compartilhadas pelos grupos e regem, subseqüentemente, as condutas desejadas ou admitidas" (Moscovici, 1978, p. 51).

Sem dúvida nenhuma, a conceituação de Moscovici se aplica ao nosso objeto de investigação, especialmente se considerar o modo como o autor delimita a gênese das representações. Moscovici indica em suas pesquisas que dois processos cognitivos, dialeticamente relacionados, atuam na formação de representações: a objetivação e a ancoragem.

A objetivação implica a transformação de um conceito ou de uma idéia em algo concreto, o que corresponderia ao que Kolb (1984) chamou de "fase da experiência concreta", em que o indivíduo apreende conhecimentos por meio de contatos diretos e pessoais com a realidade que o envolve (Bernard, Cyr e Fontaine, 1981). Nesse processo, as informações disponíveis acerca do objeto de conhecimento são selecionadas em função de condicionantes culturais (acesso diferenciado às informações em decorrência da inserção social do sujeito) e, sobretudo, de critérios normativos (guiados pelo sistema de valores do grupo), de modo que proporcione uma imagem coerente e facilmente exprimível do objeto da representação (Alvez-Mazzoti, 2000). Ainda que essa imagem seja equivocada, ela acaba por constituir um referencial sólido para o indivíduo, que é justamente o que se supõe ocorrer no caso das concepções sobre ciência e tecnologia construídas pelo público-alvo desta pesquisa. De fato, como indicam as pesquisas sobre representações de professores de Ciências mencionadas no Capítulo 2, os processos cognitivos manifestados por um grande número de indivíduos revelam que o conhecimento científico e tecnológico teria o mesmo estatuto que o conhecimento religioso, justamente por sua natureza exclusivamente empírica e cultural, situação que, naturalmente, camufla os bastidores da produção do conhecimento. É evidente que há no processo de objetivação um forte componente "coletivo", uma vez que os indivíduos, isoladamente, tendem a ancorar suas concepções nas concepções do grupo a que pertencem, até mesmo como forma de legitimar sua participação no coletivo, leitura que nos faz reencontrar a perspectiva weberiana, abordada no capítulo anterior. Dessa forma, as representações, os valores, as necessidades e as aspirações do indivíduo com relação ao real devem estar vinculadas à coletividade que, uma vez reforçada pelo que se passa no seio de cada indivíduo, pode evoluir, desde que tal evolução seja um processo coletivo. Alves-Mazzoti (op. cit.) enfatiza que o resultado dessa organização é chamado de núcleo ou esquema figurativo, uma construção estilizada do objeto que, absorvendo o excesso de significações, sintetiza, concretiza e coordena os elementos da representação, os quais, partilhados e confirmados por meio da conversação, tornam-se o próprio real para aqueles que a constróem. A estabilidade do núcleo figurativo, bem como sua materialidade, lhe conferem o estatuto de referente e de instrumento para orientar percepções e julgamentos sobre a realidade, exatamente como parecem proceder os professores de Ciências em formação com os quais houve oportunidade de lidar. Tal fato tem importantes implicações para a intervenção social: qualquer ação que pretenda modificar uma representação só terá êxito se for dirigida prioritariamente ao núcleo figurativo, uma vez que este, não apenas é a parte mais sólida e estável da representação, mas dele depende o significado desta (Jodelet, 1991).

Na seqüência da objetivação, Moscovici identifica um segundo processo cognitivo, o qual ele chamou de ancoragem, que diz respeito ao enraizamento social da representação, à integração cognitiva do objeto representado no sistema de pensamento pré-existente e às transformações que, em conseqüência, ocorrem em um e em outro. Tais considerações levam a supor que concepções equivocadas sobre a natureza da ciência e da tecnologia dão origem, aos olhos do indivíduo, a "outra" ciência e a "outra" tecnologia, delimitadas e definidas em função da visão de mundo do indivíduo, de sua cultura, de suas aspirações, de sorte que ambos são modificados: tanto a percepção do indivíduo, e portanto o próprio indivíduo, quanto a ciência e a tecnologia como manifestações do conhecimento humano. A ancoragem não corresponde mais, como na objetivação, à construção formal de um conhecimento, mas à sua inserção orgânica em um repertório de crenças já constituído.

É importante assinalar que, enquanto na objetivação a intervenção dos processos sociais se dá no agenciamento e na forma dos conhecimentos relativos ao objeto da representação, na ancoragem essa intervenção se traduz na significação e na utilidade que lhe são conferidos. Mais uma vez, precisamos recorrer e fazer referência a Kolb (1984) e a seus estudos sobre a aprendizagem pela experiência, que refletem justamente esta dinâmica de formalização de conhecimentos a partir de um processo dinâmico que tem origem na experiência concreta como base para toda e qualquer abstração. Se a experiência concreta for "truncada", "poluída", "ingênua", "distanciada da realidade", a abstração que conduz à compreensão também o será. Quanto a este último aspecto, Alvez-Mazzoti (2000) lembra que os elementos da representação não apenas exprimem relações sociais, mas contribuem para constituí-las, tendo em vista que:

> ... a estrutura imaginante torna-se um guia de leitura, uma referência para compreender a realidade. Esse sistema de interpretação tem uma função mediadora entre o indivíduo e seu meio e entre os membros de um mesmo grupo, concorrendo para afirmar a identidade grupal e o sentimento de pertencimento do indivíduo (Jodelet apud Alvez-Mazzoti, p. 61).

A opção pela situação do trabalho no âmbito do conceito de "representação social" igualmente posiciona a pesquisa a ser desenvolvida na perspectiva da escola francesa de Psicologia Social segundo a qual o discurso é peça-chave para os estudos das representações coletivas dos indivíduos e do processo de produção de ideologias (Sá, 2001).

Como aponta Andrade (1995), o estudo de representações sociais é permeado por:

1. Uma abordagem relacional da sociedade.
2. A intenção de superar os impasses teóricos das relações entre o peso das estruturas sociais e as consciências e vontades dos indivíduos.
3. A consideração do indivíduo e da sociedade como totalidades indissociáveis.
4. A consideração da ordem simbólica como o centro das reflexões admitindo que, pelo poder simbólico, os indivíduos constróem e remodelam a sociedade, sendo portanto atores sociais e não meros portadores da "superestrutura" (p. 35).

Segundo a autora, as representações sociais são uma forma de conhecimento específico, de caráter primordial – denominado "saber de senso comum" ou "saber primitivo" ou "saber natural" – socialmente elaborado e partilhado, tendo como finalidade prática conhecer e agir sobre o mundo, atendendo às necessidades do cotidiano. Tal conceito ajusta-se perfeitamente às expectativas de trabalho avançadas nesta pesquisa, na medida em que o objetivo visado está justamente centrado na forma como indivíduos constróem e reproduzem uma visão de mundo relacionada com a produção de ciência e de tecnologia, a partir da educação escolar formal. Conseqüentemente, busca-se a identificação de conhecimentos que se distinguem daqueles de natureza mitológica, opinativa, atitudinal ou estereotipada, que constituem uma dimensão mais profunda do simbólico individual, perpassando dessa forma o simbólico coletivo. Neste sentido, Jodelet (1984) avança a idéia de que o grupo – em ocorrência os professores visados por este trabalho – expressa sua identidade por meio do sentido que investe a representação. Isso significa dizer que as representações sociais influem na conduta dos indivíduos a longo prazo, reforçando ideologias e reproduzindo visões de mundo que, sempre na perspectiva adotada, viriam comprometer a emergência e a consolidação de um Novo Modo de Produção do Conhecimento Científico e Tecnológico.

O desenvolvimento da pesquisa sugeriu a adoção de uma abordagem metodológica em que a reflexão e a ação estivessem em diálogo constante para que os dados produzidos pudessem apresentar a consistência almejada. Tratando-se de uma abordagem de explicitação de representações de sujeitos e tema determinados, foi fundamental que este último tenha sido estudado em profundidade para que categorias de análise das verbalizações pudessem emergir e viabilizar o trabalho subseqüente.

Considerando-se a configuração do trabalho e a natureza dos dados a serem coletados, foi adotado um método aberto e flexível, supostamente adequado para a elucidação de representações. Dentre as diferentes possibilidades existentes (método clínico, entrevistas estruturadas ou semi-estruturadas, questionários, história de vida, etc.), optou-se por uma técnica de coleta de dados em grandes grupos. Trata-se da Técnica do Grupo Nominal (TGN), proposta por Delbecq e Van de Ven (1975), com o objetivo de otimizar o processo de pesquisa para, entre outras finalidades, subsidiar a análise e a avaliação de verbalizações.

É possível obter com a aplicação da Técnica do Grupo Nominal uma lista de competências, de habilidades ou de conhecimentos que um indivíduo deve desenvolver, demonstrar ou deter para ser considerado apto para uma situação em particular ou para uma posição específica. Pode-se obter também o perfil que um indivíduo deveria apresentar para ser inserido no mercado de trabalho ou ainda a estrutura de um currículo visando favorecer a aquisição de determinados conhecimentos. Pode-se, enfim, obter conceitos objetivados pelos sujeitos, isto é, conhecimentos estruturados e apreendidos por meio de relações sociais condicionadas culturalmente e normatizadas pelo grupo que acolhe o indivíduo, exatamente como previu Moscovici referindo-se ao primeiro processo cognitivo para a construção de representações sociais.

A aplicação da TGN para a obtenção de conceitos objetivados supõe que se tenha uma problemática de pesquisa bem estabelecida, bem definida e claramente explicitada. A partir dessa problemática de pesquisa, e tendo em vista a população-alvo do trabalho, formulam-se as chamadas "questões nominais". Tais questões, normalmente oriundas do quadro teórico que norteia a pesquisa e que delimita o processo de coleta de dados, serão submetidas a um grupo de indivíduos, representativo do grupo maior constituído por todos os indivíduos da população visada. Ocorre neste momento a etapa mais importante da técnica: a formulação de proposições no contexto de uma dinâmica de grupo, evidenciando portanto representações coletivas que são debatidas, analisadas, validadas e corroboradas por todos os participantes no momento em que são produzidas, no "calor das discussões".

Em seguida, tendo-se como base o conjunto de proposições elaboradas, é construído um instrumento de coleta de dados – um questionário –, a ser submetido a um grupo maior, mais significativo, com o objetivo de validar as proposições, de coletar outras e, sobretudo, de corroborar as representações sociais que delas decorrem. Trata-se de um outro momento importante da TGN, que permite que o pesquisador possa avançar, finalmente, para a análise dos dados à luz do quadro teórico delimitado. A TGN propõe-se assim a ser uma abordagem sensível às posturas individuais, mas canalizada para explicitar representações coletivas pelo esforço do próprio público-alvo. Podem-se evidenciar sete etapas em sua aplicação:

1. Identificação da problemática de pesquisa.
2. Delimitação de um quadro teórico-conceitual.
3. Formulação de questões nominais.
4. Realização da sessão do grupo nominal.
5. Obtenção de lista de proposições.
6. Validação das proposições.
7. Análise dos dados coletados.

No contexto desta pesquisa, a TGN foi inicialmente aplicada a um grupo de alunos em fase de conclusão da Licenciatura em Pedagogia na Universidade de Brasília, considerado, portanto, apto para ingressar no mercado de trabalho e para atuar nas séries iniciais do ensino fundamental. Esse grupo foi constituído de forma aleatória simples. As questões nominais que lhes foram submetidas tiveram o seguinte formato:

1. O que é ciência?
2. O que é tecnologia?
3. Qual é a origem da ciência e da tecnologia?
4. Quem se beneficia da ciência e da tecnologia?

A aplicação da técnica ocorreu no contexto de um trabalho de animação de um grupo composto por doze indivíduos, quantidade considerada como suficiente, por Delbecq e Van de Ven (1975), para se obter um banco de proposições significativo e pertinente. De qualquer modo, tais proposições foram em seguida submetidas a outros indivíduos para efeito de validação e de complementação.

As questões nominais a serem submetidas aos participantes da técnica devem ser claras, precisas e inequívocas. Elas são apresentadas e exaustivamente esclarecidas aos participantes até que todos as tenham compreendido e assimilado, o que é fundamental na medida em que a TGN parte do pressuposto de que são tais questões nominais que provocarão a exteriorização de representações. Cada participante deve formular uma única proposição de cada vez em resposta às questões e passar a palavra ao participante seguinte. Quando todos tiverem respondido, começa-se novamente até que a capacidade de resposta do grupo seja esgotada. Cada proposição formulada é anotada em um quadro e exposta a todos. No final, o grupo reavalia todas as proposições, procedendo a um trabalho coletivo de eliminação de redundâncias e de esclarecimento de proposições dúbias.

O pesquisador, que neste momento age como animador do grupo, deve restringir sua ação a explicar as regras da atividade, a explicitar as questões nominais, a anotar todas as respostas e, enfim, a coordenar o trabalho final de validação das mesmas. Em nenhum momento deve proceder a julgamentos de valor acerca das proposições ou demonstrar postura crítica com relação às mesmas. Sua participação deve ser a mais neutra possível.

Em seguida, de posse das proposições obtidas no grupo nominal, avança-se na construção de um questionário a ser submetido a um grupo maior, constituído por concludentes de cursos de Pedagogia da Universidade Federal de Minas Gerais, da Universidade Federal do Ceará e da Universidade de Brasília. Essa amostragem da população-alvo foi delimitada em sessenta indivíduos, sendo vinte de cada instituição, quantidade que corresponde a praticamente 100% dos prováveis formandos. É importante frisar que a escolha das universidades citadas foi realizada em função de critérios de facilidade de acesso e da realização de trabalhos anteriores, o que explica a exclusão de universidades das regiões Norte e Sul.

O instrumento de coleta de dados, então elaborado, permitiu que mais indivíduos se posicionassem com relação à questão nominal, seja alinhando-se em proposições já formuladas, seja elaborando novas proposições. Os questionários foram encaminhados a pessoas especialmente contatadas nas universidades referidas. A taxa de resposta ao questionário foi significativa, atingindo 80% da amostragem, isto é, 48 indivíduos, sendo dezesseis da UFMG, doze da UFCE e vinte da UnB. Os dados coletados ao longo de dois meses de trabalho foram classificados e analisados com o auxílio do *software* para pesquisa qualitativa *Hyper-research*. Por meio desse *software*, foi realizada a categorização das verbalizações, passo fundamental para a elaboração de conclusões sobre a temática estudada e para a identificação de respostas para as questões de pesquisa. O *Hyper research* é um sistema de tratamento de dados que permite uma extrema agilidade na categorização e na classificação de dados, de acordo com categorias pré-definidas.

Quanto à reconsideração da hipótese de trabalho formulada, isso foi possível por meio do procedimento de análise das verbalizações à luz do quadro teórico adotado, o que conduzirá de volta ao nível da teorização.

Considerando o exposto, verifica-se que a pesquisa realizada situou-se a meio caminho entre o compreender e o teorizar e exigiu portanto que fossem delimitados métodos de pesquisa suscetíveis de fornecer dados e informações tanto para a compreensão quanto para a teorização acerca das representações de futuros professores de Ciências com relação à Ciência, à Tecnologia e a seu modo de produção. A abordagem metodológica apresentada pode então ser percebida como um instrumento capaz de permitir a elaboração de raciocínios a fim de dominar os fatores – conhecimentos e valores – que orientam a maneira como o pesquisador aborda o problema da pesquisa e o enfrenta. Nessa perspectiva, o pensamento de Laville e Dionne (1998) é um referencial importante:

> A pesquisa permanece um domínio em que a imaginação deve desempenhar um papel importante: não com o fim de "inventar a realidade", mas para melhor abordá-la (...) Cabe ao pesquisador imaginar e ajustar à técnica os instrumentos que lhe permitirão ajustar o objeto de sua pesquisa, extrair deles a informação necessária à compreensão que ele quer ter para compartilhar e contribuir assim para a construção de saberes (p. 190).

É importante frisar que, no âmbito desta pesquisa, considerando-se a dinâmica da Técnica do Grupo Nominal, a responsabilidade pela criação dos dados brutos é dividida entre o pesquisador e a própria população-alvo. Esta última, representada por uma amostragem submetida à nossa intencionalidade, literalmente produziu o questionário que mais tarde foi proposto a um público mais amplo. Há, portanto, uma dimensão colaborativa na produção dos dados que foram analisados e serviram de base para a elaboração de conjecturas e de conclusões.

Nesta ordem de idéias, procura-se agora "acolher" os dados, classificando-os e deles obtendo informações mais específicas acerca das representações dos graduandos sobre a ciência e a tecnologia. No entanto, o Capítulo V tem como eixo principal uma elaboração teórica sobre a importância e as características de um Novo Modo de Formação (F2), necessário para dar suporte e apoio à emergência do Novo Modo de Produção do Conhecimento (M2).

Procura-se, dessa forma, avançar da análise de representações individuais para sua "coletivização" e para a análise de posturas de todo um grupo, justamente na perspectiva anunciada por Moscovici e Jodelet, segundo a qual as representações sociais constituem uma dimensão mais profunda do simbólico individual, perpassando conseqüentemente o simbólico coletivo, influenciando na conduta dos indivíduos a longo prazo, reforçando ideologias e reproduzindo visões de mundo que podem vir a comprometer o surgimento e a instauração do cenário anunciado por Gibbons (1994) com relação à produção de conhecimentos científicos e tecnológicos.

Cada proposição formulada durante a aplicação da TGN foi devidamente registrada em um quadro-negro, registro necessário para servir de parâmetro para a formulação de novas proposições e para permitir uma constante avaliação de cada representação explicitada. Nesse sentido, a TGN propõe um trabalho de metacognição para que as representações formuladas sejam corroboradas pelo grupo, escapando da alçada do indivíduo. Ao fim de 1h30 de trabalho, obteve-se uma lista de proposições que foi em seguida avaliada pelo próprio grupo, que procurou eliminar redundâncias, simplificar colocações, reelaborar idéias, etc. Naquele momento, e de acordo com nossa ótica, as percepções individuais tornaram-se percepções coletivas propriamente ditas, o que implicou a instauração de uma dinâmica coercitiva subjacente ao fato de que cada participante da sessão nominal aderiu ao pensamento dos demais, reforçando as noções de grupo e de coletividade. Na condição de animador/observador, pôde-se constatar a manifestação de um fenômeno previsto por Durkheim e citado no Capítulo 2 deste trabalho, segundo o qual as representações coletivas agem de modo coercitivo sobre o indivíduo, impedindo-o de divergir, de adotar perspectivas e visões de mundo distintas com relação às de seu grupo, favorecendo uma certa sintonia, uma adesão para assegurar e manter a coesão em torno da lista de proposições finalmente obtida. Estas proposições, consideradas como um modelo representacional sobre a ciência e a tecnologia, tornaram-se elementos coercitivos aos quais todos aderiram e com relação aos quais todos responderam "não" quando questionados sobre a existência de alguma discordância. Também, uma outra leitura durkheiniana é possível nesta situação, na medida em que as discussões finais em torno das proposições estabeleceram relações de solidariedade entre os membros do grupo, que fizeram de cada proposição um "ideal coletivo", com relação ao qual nenhuma discordância foi publicamente revelada, o que poderia esfacelar o grupo, enfraquecer os elos entre seus membros e criar situações de insegurança nos indivíduos. Evidentemente, é possível também atribuir o resultado da aplicação da Técnica do Grupo Nominal a um certo determinismo histórico, para tocar na perspectiva marxista, que está relacionado a condicionamentos materiais e econômicos aos quais os participantes estiveram submetidos ao longo de suas histórias de vida e segundo os quais a própria história da ciência e da tecnologia foi escrita.

No final da aplicação da sessão nominal, obteve-se a seguinte lista de 48 proposições, aceitas e validadas pelos próprios participantes:

1. A ciência é a arte de estudar a vida procurando meios de melhorá-la.
2. A ciência é o conhecimento testado e analisado pelos cientistas.
3. A ciência é o estudo de um determinado campo do saber;
4. A ciência é a produção do conhecimento, por meio de estudos e experimentos empíricos ou pragmáticos.
5. A ciência é o estudo sistemático de algum assunto.
6. A ciência é um fórum de debate e produção de conhecimento, bens de consumo, serviços e soluções em geral.
7. A ciência é a arte de descobrir ou estudar as coisas.
8. A ciência é o estudo de fenômenos, sejam naturais ou não.
9. A ciência é o avanço do conhecimento.
10. A ciência é um conjunto de conhecimentos, desenvolvidos por profissionais de notório saber, tendo como princípios a observância de alguns parâmetros.
11. A ciência é todo conhecimento produzido pelo homem.
12. A tecnologia é um conjunto de meios para facilitar nossa vida.
13. A tecnologia é o estudo de novas técnicas para facilitar a vida das pessoas.
14. A tecnologia é a aplicação da ciência, resultado dessa ciência.
15. A tecnologia é o grau de conhecimento que se possui sobre a ciência.
16. A tecnologia é o conjunto de inovações materiais para melhoria de alguma coisa.
17. A tecnologia é o estudo e a produção de novas técnicas a partir do avanço científico.
18. A tecnologia é o conjunto de meios facilitadores do dia-a-dia.

19. A tecnologia é um dos meios de avanço da ciência por meio das máquinas. É a aplicação da ciência.
20. A tecnologia é o resultado do conjunto de conhecimentos desenvolvidos por cientistas ou por pessoas eruditas.
21. A tecnologia é a aplicação da ciência.
22. A ciência tem sua origem na pesquisa por meio de estudos específicos.
23. A ciência tem sua origem em estudos científicos dedicados a uma causa e, em muitas vezes, emerge também do conhecimento do senso comum.
24. A ciência tem sua origem na Filosofia.
25. A ciência tem sua origem no descobrimento do fogo.
26. A ciência tem sua origem nos primórdios da história.
27. A ciência tem sua origem no aparecimento do ser humano na Terra.
28. A ciência tem sua origem na necessidade de os seres humanos melhorar alguma coisa existente, adequando-a às suas necessidades e, também, do desejo de identificar melhores condições de vida e comodidade.
29. A tecnologia tem sua origem na ciência.
30. A ciência beneficia diretamente a tecnologia.
31. A ciência beneficia diretamente a todas as pessoas.
32. A ciência beneficia diretamente aqueles que dela vivem em estudo constante.
33. A ciência beneficia diretamente a todos, incluindo os grandes grupos econômicos com a venda de resultados de pesquisas.
34. A ciência beneficia diretamente a sociedade em geral, mas principalmente a elite dominante.
35. A ciência beneficia diretamente aqueles que podem pagar para obtê-la.
36. A ciência beneficia diretamente aqueles que utilizam os seus resultados.

37. A ciência beneficia diretamente apenas uma parcela da sociedade.
38. A ciência beneficia diretamente quem a produz, se não transformá-la em tecnologia.
39. A ciência beneficia diretamente os seres humanos.
40. A ciência beneficia diretamente alguns grupos e determinada parte da sociedade que dispõe de mais recursos.
41. A tecnologia beneficia diretamente as classes sociais mais ricas.
42. A tecnologia beneficia diretamente a todos, incluindo os grandes grupos econômicos com a venda de resultados de pesquisas.
43. A tecnologia beneficia diretamente a sociedade.
44. A tecnologia beneficia diretamente a sociedade em geral, mas principalmente a elite dominante.
45. A tecnologia beneficia diretamente apenas algumas pessoas.
46. A tecnologia beneficia diretamente quem tem condições financeiras e intelectuais para usufruir dela como aliada, adquiri-la.
47. A tecnologia beneficia todos, mas não diretamente.
48. A tecnologia beneficia diretamente quem tem condições financeiras para ter acesso a ela.

Em princípio, é possível analisar esse conjunto de proposições com o objetivo de explicitar grandes grupos de idéias recorrentes, isto é, de colocar em evidência grandes eixos de representações coletivas. Raciocinando nessa linha de análise, foram identificados sete principais grupos de representações dentre as proposições dos estudantes consultados, sendo que o mais significativo corresponde à idéia de que há relações fortes entre a ciência, a tecnologia e o poder, conforme pode ser observado no Gráfico 1. Essa idéia justifica a postura, comumente observada durante a TGN, de distanciamento da ciência e da tecnologia, que seriam, desta forma, empreendimentos excludentes, cuja compreensão é prioritariamente destinada a quem tem poder na sociedade. Outros conjuntos significativos de representações alinham-se na direção do reconhecimento da existência de relações entre ciência e conhecimento formal e entre tecnologia e ciência. É também importante evidenciar a existência de proposições que indicam que os respondentes percebem, embrionariamente que seja, que a produção científica e a tecnológica têm interfaces estabelecidas com necessidades sociais. Contudo, é interessante perceber que o gráfico evidencia a confusão conceitual dos respondentes, que se posicionam de modo praticamente equivalente com relação a proposições semanticamente distintas, como as duas primeiras.

GRÁFICO 1

Agrupamento das proposições

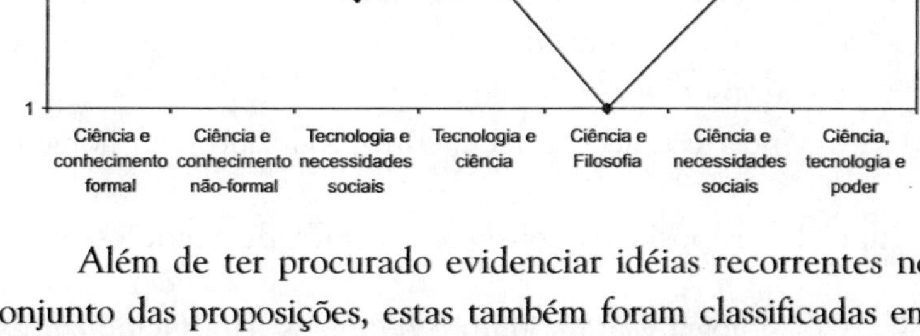

Além de ter procurado evidenciar idéias recorrentes no conjunto das proposições, estas também foram classificadas em seis grupos de representações. Essas duas classificações oferecem leituras diferentes e complementares. A primeira é fruto de nosso olhar de pesquisador, imbuído de atribuir sentido aos dados coletados e às informações produzidas pelos participantes da TGN. A segunda, apresentada a seguir, é espontânea e emergiu do próprio conjunto de representações elaboradas pelos estudantes consultados. Observe-se o detalhamento dos seis grupos de proposições:

Grupo 1: Proposições sobre o conceito de ciência:

1. A ciência é a arte de estudar a vida procurando meios de melhorá-la.
2. A ciência é o conhecimento testado e analisado pelos cientistas.
3. A ciência é o estudo de um determinado campo do saber.
4. A ciência é a produção do conhecimento, por meio de estudos e experimentos empíricos ou pragmáticos.
5. A ciência é o estudo sistemático de algum assunto.
6. A ciência é um fórum de debate e produção de conhecimento, bens de consumo, serviços e soluções em geral.
7. A ciência é a arte de descobrir ou estudar as coisas.
8. A ciência é o estudo de fenômenos, sejam naturais ou não.
9. A ciência é o avanço do conhecimento.
10. A ciência é um conjunto de conhecimentos, desenvolvidos por profissionais de notório saber, tendo como princípios a observância de alguns parâmetros.
11. A ciência é todo conhecimento produzido pelo homem.

Grupo 2: Proposições sobre o conceito de tecnologia:

12. A tecnologia é um conjunto de meios para facilitar nossa vida.

13. A tecnologia é o estudo de novas técnicas para facilitar a vida das pessoas.
14. A tecnologia é a aplicação da ciência, resultado desta ciência.
15. A tecnologia é o grau de conhecimento que se possui sobre a ciência.
16. A tecnologia é o conjunto de inovações materiais para melhoria de alguma coisa.
17. A tecnologia é o estudo e produção de novas técnicas a partir do avanço científico.
18. A tecnologia é o conjunto de meios facilitadores do dia-a-dia;
19. A tecnologia é um dos meios de avanço da ciência por meio das máquinas. É a aplicação da ciência.
20. A tecnologia é o resultado do conjunto de conhecimentos desenvolvidos por cientistas ou por pessoas eruditas.
21. A tecnologia é a aplicação da ciência.

Grupo 3: Proposições sobre a origem da ciência:

22. A ciência tem sua origem na pesquisa por meio de estudos específicos.
23. A ciência tem sua origem em estudos científicos dedicados a uma causa e, em muitas vezes, emerge também do conhecimento do senso comum.
24. A ciência tem sua origem na Filosofia.
25. A ciência tem sua origem no descobrimento do fogo.
26. A ciência tem sua origem nos primórdios da história.
27. A ciência tem sua origem no aparecimento do ser humano na Terra.
28. A ciência tem sua origem na necessidade de os seres humanos melhorar alguma coisa existente, adequando-a às suas necessidades e, também, do desejo de identificar melhores condições de vida e comodidade.

Grupo 4: Proposição sobre a origem da tecnologia:

29. A tecnologia tem sua origem na ciência.

Grupo 5: Proposições sobre os beneficiários da ciência:

30. A ciência beneficia diretamente a tecnologia.
31. A ciência beneficia diretamente a todas as pessoas.
32. A ciência beneficia diretamente aqueles que dela vivem em estudo constante.
33. A ciência beneficia diretamente a todos, incluindo os grandes grupos econômicos com a venda de resultados de pesquisas.
34. A ciência beneficia diretamente a sociedade em geral, mas principalmente a elite dominante.
35. A ciência beneficia diretamente aqueles que podem pagar para obtê-la.
36. A ciência beneficia diretamente aqueles que utilizam os seus resultados.
37. A ciência beneficia diretamente apenas uma parcela da sociedade.
38. A ciência beneficia diretamente quem a produz, se não transformá-la em tecnologia.
39. A ciência beneficia diretamente os seres humanos.
40. A ciência beneficia diretamente alguns grupos e determinada parte da sociedade que dispõe de mais recursos.

Grupo 6: Proposições sobre os beneficiários da tecnologia:

41. A tecnologia beneficia diretamente as classes sociais mais ricas.
42. A tecnologia beneficia diretamente a todos, incluindo os grandes grupos econômicos com a venda de resultados de pesquisas.

43. A tecnologia beneficia diretamente a sociedade.
44. A tecnologia beneficia diretamente a sociedade em geral, mas principalmente a elite dominante.
45. A tecnologia beneficia diretamente apenas algumas pessoas.
46. A tecnologia beneficia diretamente quem tem condições financeiras e intelectuais para usufruir dela como aliada, adquiri-la.
47. A tecnologia beneficia todos, mas não diretamente.
48. A tecnologia beneficia diretamente quem tem condições financeiras para ter acesso ela.

Tais grupos de proposições, altamente instrutivas sobre os pontos de vista dos futuros docentes, já indicam a natureza das representações que o grupo detém sobre a ciência e sobre a tecnologia sob diferentes perspectivas e já subsidiam uma análise das questões de pesquisa formuladas para nortear o trabalho investigativo. De fato, em cada um desses grupos de proposições foram identificadas algumas representações recorrentes:

TABELA 1

Representações recorrentes nas 48 proposições

Grupos	Representações recorrentes
1	A ciência é conhecimento produzido pelo homem, fruto de estudos sistematizados
2	A tecnologia é resultado do desenvolvimento científico
3	A origem da ciência está relacionada com a origem da humanidade

4	A origem da tecnologia está relacionada com a ciência
5	A ciência beneficia alguns privilegiados
6	A tecnologia beneficia alguns privilegiados

Essas representações coletivas, retomando uma citação anteriormente feita, "traduzem a maneira como o grupo se pensa nas suas relações com os objetos que o afetam" (Moscovici, 1978, p. 79). A própria dinâmica da Técnica do Grupo Nominal, com sua "insistência estratégica" e sua "redundância tática", obrigando os participantes a retomar e a rever cada proposição em cada rodada e, se necessário, a reelaborá-la de outra forma, permite que as representações obtidas sejam situadas no nível de um processo cognitivo de objetivação, em que o conceito ou a idéia é transformado em algo concreto, pronto para passar para a fase da ancoragem, conforme indica o mesmo autor citado.

A etapa seguinte, em que as proposições foram submetidas a um grupo amplo de futuros pedagogos, permitiu o dimensionamento da importância atribuída a cada uma delas. Dessa forma, o conjunto de proposições, isto é, as representações coletivas então obtidas, foram inseridas em um questionário que foi submetido a outros estudantes de Pedagogia da própria Universidade de Brasília, da Universidade Federal de Minas Gerais e da Universidade Federal do Ceará. Com relação a cada proposição, foi solicitado que o respondente se posicionasse segundo uma escala de valores, de acordo com o exemplo seguinte:

> 1. A ciência é a arte de estudar a vida procurando meios de melhorá-la.
>
> Com relação a esta sentença, meu posicionamento é o seguinte:
>
> ( ) concordo plenamente
> ( ) concordo
> ( ) não tenho nenhum posicionamento
> ( ) discordo
> ( ) discordo plenamente

O questionário foi dividido em três partes: a primeira parte foi reservada à identificação dos respondentes; a segunda parte aos posicionamentos acerca das 48 proposições e a terceira parte ao levantamento de representações livres sobre a ciência e a tecnologia. Observe o detalhamento das informações obtidas em cada parte.

Primeira parte: Identificação dos respondentes

O percentual de resposta ao questionário foi bastante elevado. De um universo de sessenta indivíduos, 48 atenderam à solicitação (80%), sendo dezesseis estudantes da Faculdade de Educação da UFMG (33%), doze da UFC (25%) e vinte da UnB (42%). Conforme indica a Tabela 1, o respondente do questionário tem idade média de 22 anos, é majoritariamente do sexo feminino (58%), tem renda familiar média de doze salários-mínimos mensais, concluiu seus estudos de nível médio em escola de rede pública e o grau de formação do seu pai é inferior ao da sua mãe.

Esse perfil é praticamente uniforme nos três Estados pesquisados. É importante evidenciar que no Ceará foram encontrados estudantes com o poder aquisitivo familiar ligeiramente menor que no DF e em MG. Essa uniformidade apresenta-se como um facilitador para a análise dos dados coletados, tendo em vista principalmente que se visava fazer cruzamentos em função de diferenças regionais. Tais diferenças regionais não se mostraram consistentes e, conseqüentemente, não pareceram merecer pormenorizações.

TABELA 2

Identificação dos respondentes do questionário

Estado	DF	MG	CE
Idade média	24	23	21
Repartição sexual mulheres homens	 11 (55%) 9 (45%)	 10 (63%) 6 (37%)	 9 (75%) 3 (25%)
Renda familiar média em número de salários-mínimos	12	12	10
Grau de formação do pai (MS)	EFC (75%)	EM (80%)	EFC (92%)
Grau de formação da mãe (MS)	EMC (81%)	EM (87%)	EFC (100%)
Escola de conclusão do ensino médio (MS)	Pública (85%)	Pública (91%)	Pública (87%)

MS = Maioria Simples
EFC = Ensino Fundamental Completo
EMC = Ensino Médio Completo

Segunda parte: Posicionamentos sobre as 48 proposições

Por meio do questionário que permitiu a exposição das proposições obtidas na sessão do grupo nominal a um grande grupo de respondentes, foi possível obter uma espécie de valoração de cada proposição, o que intensificou o significado de cada uma como representação coletiva. A tabela seguinte apresenta a relação de proposições e os valores absolutos correspondentes ao número de concordâncias e discordâncias:

TABELA 3

Proposições, concordâncias e discordâncias

Proposições	Concordâncias/Discordâncias				
	CP	C	SP	D	DP
1. A ciência é a arte de estudar a vida procurando meios de melhorá-la	30 (63%)	11 (23%)	7 (14%)	0	0
2. A ciência é o conhecimento testado e analisado pelos cientistas, em laboratórios de pesquisa	31 (65%)	10 (21%)	7 (14%)	0	0
3. A ciência é o estudo de um determinado campo do saber	21 (44%)	11 (23%)	16 (33%)	0	0
4. A ciência é a produção do conhecimento, por meio de estudos e experimentos empíricos ou pragmáticos	32 (67%)	11 (23%)	5 (10%)	0	0
5. A ciência é o estudo sistemático de algum assunto	21 (44%)	11 (23%)	4 (8%)	12 (25%)	0
6. A ciência é um fórum de debate e produção de conhecimento, bens de consumo, serviços e soluções em geral	21 (44%)	11 (23%)	16 (33%)	0	0
7. A ciência é a arte de descobrir ou estudar as coisas	33 (69%)	10 (21%)	5 (10%)	0	0
8. A ciência é o estudo de fenômenos, sejam naturais ou não	35 (73%)	10 (21%)	3 (6%)	0	0

9.	A ciência é o avanço do conhecimento	36 (75%)	12 (25%)	0	0	0
10.	A ciência é um conjunto de conhecimentos, desenvolvidos por profissionais de notório saber, tendo como princípios a observância de alguns parâmetros	31 (65%)	9 (19%)	9 (19%)	0	0
11.	A ciência é todo conhecimento produzido pelo homem	38 (79%)	10 (21%)	0	0	0
12.	A tecnologia é um conjunto de meios para facilitar nossa vida	38 (79%)	10 (21%)	0	0	0
13.	A tecnologia é o estudo de novas técnicas para facilitar a vida das pessoas	37 (77%)	11 (23%)	0	0	0
14.	A tecnologia é a aplicação da ciência, resultado desta ciência	36 (75%)	12 (25%)	0	0	0
15.	A tecnologia é o grau de conhecimento que se possui sobre a ciência	19 (39%)	11 (23%)	3 (6%)	14 (26%)	1 (2%)
16.	A tecnologia é o conjunto de inovações materiais para melhoria de alguma coisa	31 (65%)	6 (12%)	0	11 (23%)	0
17.	A tecnologia é o estudo e a produção de novas técnicas a partir do avanço científico	28 (58%)	7 (15%)	0	11 (23%)	2 (4%)
18.	A tecnologia é o conjunto de meios facilitadores do dia-a-dia	42 (88%)	6 (12%)	0	0	0
19.	A tecnologia é um dos meios de avanço da ciência por meio das máquinas. É a aplicação da Ciência	41 (85%)	7 (15%)	0	0	0
20.	A Tecnologia é o resultado do conjunto de conhecimentos desenvolvidos por cientistas ou por pessoas eruditas	42 (88%)	6 (12%)	0	0	0
21.	A tecnologia é a aplicação da ciência	44 (92%)	4 (8%)	0	0	0
22.	A ciência tem sua origem na pesquisa por meio de estudos específicos	38 (73%)	7 (8%)	9 (12%)	3 (7%)	0
23.	A ciência tem sua origem em estudos científicos dedicados a uma causa e, em muitas vezes, emerge também do conhecimento do senso comum	37 (77%)	0	7 (15%)	4 (8%)	0
24.	A ciência tem sua origem na Filosofia	28 (58%)	4 (8%)	16 (33%)	0	0
25.	A ciência tem sua origem no descobrimento do fogo	36 (75%)	10 (21%)	2 (4%)	0	0
26.	A ciência tem sua origem nos primórdios da história	36 (75%)	10 (21%)	2 (4%)	0	0

27. A ciência tem sua origem no aparecimento do ser humano na Terra	33 (69%)	14 (29%)	1 (2%)	0	0
28. A ciência tem sua origem na necessidade de os seres humanos melhorar alguma coisa existente, adequando-a às suas necessidades e, também, do desejo de identificar melhores condições de vida e comodidade	37 (77%)	10 (21%)	1 (2%)	0	0
29. A tecnologia tem sua origem na ciência	40 (83%)	8 (17%)	0	0	0
30. A ciência beneficia diretamente a tecnologia	38 (79%)	9 (19%)	1 (2%)	0	0
31. A ciência beneficia diretamente a todas as pessoas	26 (54%)	21 (44%)	1 (2%)	0	0
32. A ciência beneficia diretamente aqueles que dela vivem em estudo constante	37 (77%)	9 (19%)	1 (2%)	1 (2%)	0
33. A ciência beneficia diretamente a todos, incluindo os grandes grupos econômicos com a venda de resultados de pesquisas	31 (65%)	12 (25%)	4 (8%)	1 (2%)	0
34. A ciência beneficia diretamente a sociedade em geral, mas principalmente a elite dominante	36 (75%)	9 (19%)	3 (6%)	0	0
35. A ciência beneficia diretamente aqueles que podem pagar para obtê-la	37 (77%)	9 (19%)	2 (4%)	0	0
36. A ciência beneficia diretamente aqueles que utilizam os seus resultados	38 (79%)	10 (21%)	0	0	0
37. A ciência beneficia diretamente apenas uma parcela da sociedade	31 (65%)	16 (33%)	1 (3%)	0	0
38. A ciência beneficia diretamente quem a produz, se não transformá-la em Tecnologia	29 (60%)	16 (33%)	2 (4%)	1 (2%)	0
39. A ciência beneficia diretamente os seres humanos	28 (58%)	19 (40%)	1 (2%)	0	0
40. A ciência beneficia diretamente alguns grupos e determinada parte da sociedade que dispõe de mais recursos	26 (54%)	20 (42%)	2 (4%)	0	0
41. A tecnologia beneficia diretamente as classes sociais mais ricas	28 (58%)	19 (40%)	1 (2%)	0	0
42. A tecnologia beneficia diretamente a todos, incluindo os grandes grupos econômicos com a venda de resultados de pesquisas	36 (75%)	11 (23%)	1 (2%)	0	0

43. A tecnologia beneficia diretamente a sociedade	28 (58%)	19 (40%)	1 (2%)	0	0
44. A tecnologia beneficia diretamente a sociedade em geral, mas principalmente a elite dominante	35 (73%)	11 (23%)	2 (4%)	0	0
45. A tecnologia beneficia diretamente apenas algumas pessoas	16 (33%)	11 (23%)	7 (15%)	14 (29%)	0
46. A tecnologia beneficia diretamente quem tem condições financeiras e intelectuais para usufruir dela como aliada, adquiri-la	34 (70%)	10 (21%)	4 (8%)	0	0
47. A tecnologia beneficia todos, mas não diretamente	36 (75%)	8 (17%)	4 (8%)	0	0
48. A tecnologia beneficia diretamente quem tem condições financeiras para ter acesso a ela	37 (77%)	8 (17%)	3 (6%)	0	0

CP = Concordo Plenamente
C = Concordo
SP = Sem Posicionamento
D = Discordo
DP = Discordo Plenamente

Como é possível constatar pela leitura da tabela, as proposições estão classificadas em cinco grupos distintos, que, a seguir, foram analisados separadamente.

Grupo 1: Proposições sobre o conceito de ciência

O primeiro grupo de proposições refere-se a representações sobre o conceito de ciência e evidencia pontos de vista que indicam, no meu entendimento, a inexistência de posições efetivamente ancoradas ou de representações sociais sólidas sobre o tema em questão. As proposições deste primeiro grupo e suas respectivas pontuações são as seguintes (Tabela 4):

TABELA 4

Proposições sobre o conceito de ciência

Proposições	Concordâncias/Discordâncias				
	CP	C	SP	D	DP
1. A ciência é a arte de estudar a vida procurando meios de melhorá-la	30 (63%)	11 (23%)	7 (14%)	0	0
2. A ciência é o conhecimento testado e analisado pelos cientistas, em laboratórios de pesquisa	31 (65%)	10 (21%)	7 (14%)	0	0
3. A ciência é o estudo de um determinado campo do saber	21 (44%)	11 (23%)	16 (33%)	0	0
4. A ciência é a produção do conhecimento, por meio de estudos e experimentos empíricos ou pragmáticos	32 (67%)	11 (23%)	5 (10%)	0	0
5. A ciência é o estudo sistemático de algum assunto	21 (44%)	11 (23%)	4 (8%)	12 (25%)	0
6. A ciência é um fórum de debate e produção de conhecimento, bens de consumo, serviços e soluções em geral	21 (44%)	11 (23%)	16 (33%)	0	0
7. A ciência é a arte de descobrir ou estudar as coisas	33 (69%)	10 (21%)	5 (10%)	0	0
8. A ciência é o estudo de fenômenos, sejam naturais ou não	35 (73%)	10 (21%)	3 (6%)	0	0
9. A ciência é o avanço do conhecimento	36 (75%)	12 (25%)	0	0	0
10. A ciência é um conjunto de conhecimentos, desenvolvidos por profissionais de notório saber, tendo como princípios a observância de alguns parâmetros	31 (64%)	9 (18%)	9 (18%)	0	0
11. A ciência é todo conhecimento produzido pelo homem	38 (79%)	10 (21%)	0	0	0

Transformados em gráfico de barras (Gráfico 2), estes dados mostram que os respondentes apresentam, geralmente, posições de concordância plena com relação a praticamente todas as proposições, independentemente de seu conteúdo. Apenas a quinta proposição teve um percentual de 25% de discordâncias.

Com relação à sexta proposição, dezesseis respondentes (33%) indicaram não ter posicionamento definido. Tal proposição apresenta uma definição menos ortodoxa da Ciência, ortodoxia esta que certamente "desarma" o interlocutor menos habituado à lida com tal quadro teórico.

GRÁFICO 2

Proposições sobre o conceito de ciência

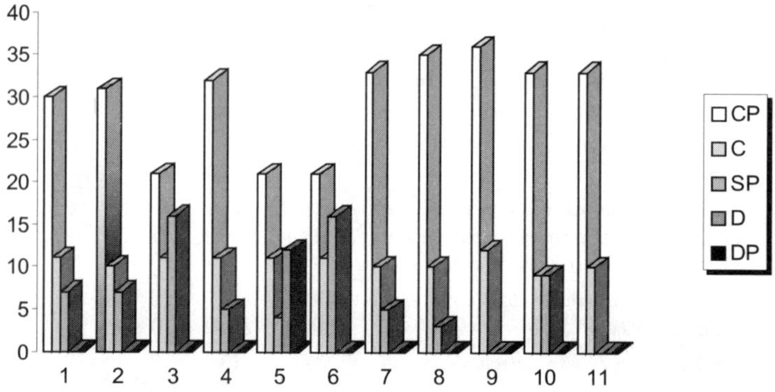

Dessa forma, o gráfico indica que existe, entre os futuros professores, uma concepção de Ciência que supõe tanto uma sistematização do conhecimento quanto todos os conhecimentos produzidos pelo ser humano, o que inclui conhecimentos não-científicos por natureza, como os conhecimentos de senso comum, mitológicos e filosóficos. Praticamente, o mesmo percentual de indivíduos que vêem na Ciência conhecimentos produzidos de modo sistematizado também associam a ela conhecimentos descobertos na natureza.

Um número significativo de respondentes não manifestou posicionamento algum com relação às proposições 3, 5 e 6, que envolvem alguns conceitos que podem ter confundido a compreensão imediata da sentença: campo de saber, estudo sistemático e fórum de debate. Particularmente, e como já foi mencionado, a proposição 5 foi a única desse primeiro grupo com relação à qual houve discordâncias, indicando que os respondentes preferem posicionar-se positivamente em face das proposições que situam a Ciência no campo da descoberta e do estudo de todas as coisas (proposição 7), de todo e qualquer fenômeno (proposição 8) ou dos conhecimentos produzidos pelo homem, quaisquer que sejam eles (proposição 11). Por sua vez, as proposições de maior aceitação neste grupo são aquelas que se referem à Ciência como significando avanço de conhecimentos (proposição 9) e como correspondendo a todo conhecimento produzido pelo homem (proposição 11).

Em uma tentativa de análise desses dados, julga-se que tal cenário é bastante significativo sob a ótica do estudo de representações sociais, na medida em que têm um papel importante, uma função simbólica não-negligenciável na construção de relações com a realidade. De fato, como enfatiza Vidal (2000), quando concepções e visões ingênuas sobre a Ciência persistem nos estudantes de graduação que já passaram por um período escolar médio de doze/treze anos, o ciclo de compreensão inadequada da Ciência é perpetuado. Igualmente, a conclusão de Moscovici, citado por Alvez-Mazzoti (2000), de que, na atividade representativa do sujeito não existe separação entre o universo externo e o universo interno, leva a interpretar a dificuldade na compreensão como fator decisivo com relação à dificuldade na ação, corroborando assim o mencionado círculo vicioso centrado no estabelecimento de uma fronteira protocolar, muitas vezes intransponível, entre o cidadão comum e o mundo da ciência e da tecnologia, neste caso entre o professor de Ciências e a própria Ciência. Considerando a tese proposta neste trabalho, essa fronteira constitui forte entrave à instauração do M2 em nossa sociedade desde o ensino fundamental e constitui, por si só, problemática de peso a ser considerada pelas ações governamentais de promoção do ensino de Ciências como o Projeto de Melhoria do Ensino de Ciências e Matemática (Premem) e o Subprograma de Educação para a Ciência (Spec), vinculados à Coordenação de Aperfeiçoamento do Ensino Superior (Capes), o Pró-Ciências e os programas de educação científica e ambiental do CNPq, conforme menciona Krasilchik (2001).

No entanto, embora a maioria de respondentes tenha concordado plenamente com as onze proposições desta parte do questionário, independentemente de sua coerência ou de sua oposição conceitual, um número significativo declarou não ter nenhum posicionamento a respeito, o que indica certa apatia diante dos fatos científicos e tecnológicos, incompatível com a posição a ser exercida pelo docente de Ciências com crianças em fase de início de escolarização. É importante enfatizar que a maioria dos respondentes concorda que a Ciência é conhecimento produzido pelo homem, seja em situação de pesquisa (saber formal) seja em situação cotidiana (senso comum). Embora os dados não sejam suficientemente reveladores, tal concordância substantiva pode ser considerada como embrião da compreensão da responsabilidade social com relação à produção científica e tecnológica, o que corresponde a um dos princípios do Novo Modo de Produção do Conhecimento, conforme enfatizado no Capítulo 1.

Outra informação importante a ser considerada está nos posicionamentos que situam os futuros docentes no âmbito de uma visão extremamente tradicional e hermética da Ciência, que seria produzida exclusivamente por profissionais de notório saber, por cientistas, por definição "seres especiais". É justamente da adoção de posicionamentos dessa natureza que surge a mitologia de que o cidadão comum está e deve permanecer distanciado dos mecanismos de produção dos conhecimentos formais, excessivamente especializados e, portanto, proibidos para não-iniciados, isto é, para não-cientistas. Contudo, é interessante observar que a proposição citada tem embutida a idéia de que a produção do conhecimento é feita segundo "alguns parâmetros" em vez de ser um processo aleatório e livre. Vê-se nesse detalhe as noções, ainda que embrionárias, de que existe um método para à Ciência, que deve ser respeitado para que o conhecimento produzido tenha o reconhecimento de sua cientificidade e de que o acesso à Ciência e a seu método não é permitido ao cidadão comum.

Há também uma concordância absoluta de que a Ciência corresponde necessariamente ao avanço do conhecimento (48 concordâncias), postura que parece estabelecer relações de extrema confiabilidade na atividade científica como atividade motora da humanidade e que pode situar o indivíduo, acriticamente, "sob o domínio da Ciência". Para esses docentes em formação, o discurso científico é de natureza ideológica, convertendo-se em obstáculo à liberação do sujeito, submetendo-o ao julgo da Ciência como conhecimento inquestionável, natural, óbvio e eterno.

Tais dados revelam-se coerentes com os resultados de pesquisas desenvolvidas na última década sobre as representações de professores de Ciências acerca do conhecimento científico, mencionadas no Capítulo 2. Essas pesquisas enfatizam que as representações em questão são, via de regra, oriundas do senso comum e construídas por meio de relações individuais conflituosas com esse conhecimento, supostamente hermético, elaborado, inacessível e incompreensível. Tais percepções acabam por influenciar negativamente na formação das novas gerações no que diz respeito à desmistificação da Ciência e à sua situação no âmbito dos construtos humanos, com tudo o que isto implica, condição importante para a instauração do M2.

Grupo 2: Posicionamentos sobre a natureza da tecnologia

Os posicionamentos sobre a natureza da tecnologia (proposições 12 a 21) revelam principalmente a existência de representações bem ancoradas de que tecnologia é aplicação da ciência, que tem o avanço científico como ponto de partida que se reflete na prática científica. As proposições deste grupo são as seguintes (Tabela 5):

TABELA 5

Proposições sobre o conceito de tecnologia

Proposições	Concordâncias/Discordâncias				
	CP	C	SP	D	DP
12. A tecnologia é um conjunto de meios para facilitar nossa vida	38 (79%)	10 (21%)	0	0	0
13. A tecnologia é o estudo de novas técnicas para facilitar a vida das pessoas	37 (77%)	11 (23%)	0	0	0
14. A tecnologia é a aplicação da ciência, resultado desta ciência	36 (75%)	12 (25%)	0	0	0
15. A tecnologia é o grau de conhecimento que se possui sobre a ciência	19 (39%)	11 (23%)	3 (6%)	14 (26%)	1 (2%)
16. A tecnologia é o conjunto de inovações materiais para melhoria de alguma coisa	31 (65%)	6 (12%)	0	11 (23%)	0
17. A tecnologia é o estudo e a produção de novas técnicas a partir do avanço científico	28 (58%)	7 (15%)	0	11 (23%)	2 (4%)

18. A tecnologia é o conjunto de meios facilitadores do dia-a-dia	42 (88%)	6 (12%)	0	0	0
19. A tecnologia é um dos meios de avanço da ciência por meio das máquinas. É a aplicação da ciência	41 (85%)	7 (15%)	0	0	0
20. A tecnologia é o resultado do conjunto de conhecimentos desenvolvidos por cientistas ou por pessoas eruditas	42 (88%)	6 (12%)	0	0	0
21. A tecnologia é a aplicação da ciência	44 (92%)	4 (8%)	0	0	0

Ora, conforme enfatiza Fourez (1995), ciência e tecnologia são entidades distintas que se inter-relacionam quando necessário, são saberes construídos de modo diferente na medida em que a primeira depende do chamado "método científico" e da validação das comunidades científicas, enquanto a segunda é de livre fluxo e produção, embora possa também ser oriunda do conhecimento científico e submetida à validação de "comunidades tecnológicas", muito mais livres e maleáveis que as primeiras, com muito mais sentido de *marketability* que as primeiras. Tal aproximação conceitual pode ser indicativo de uma hipervalorização da tecnologia, situando-a no mesmo patamar "sagrado" da ciência, conforme enfatizam Désaultels e Larochelle (1995). De fato, todos os graduandos consultados consideram que a tecnologia é fruto do desenvolvimento científico e que este último influi consideravelmente no desenvolvimento tecnológico, considerado, por sua vez, vital para o progresso da humanidade. Concordam também que a tecnologia resulta, tanto quanto a ciência, do trabalho de pessoas "especiais", eruditas, sábias. Esses mesmos indivíduos são unânimes em concordar que a tecnologia está diretamente relacionada com o bem-estar geral da sociedade, produzindo inovações e artefatos para facilitar o dia-a-dia de todos.

Observando o Gráfico 3, gerado a partir dos dados da Tabela 5, vê-se que embora todas as proposições tenham obtido alto grau de adesão por parte dos respondentes, são as de número 18, 19, 20 e 21 que reúnem o maior número de adesões plenas.

GRÁFICO 3

Proposições sobre o conceito de tecnologia

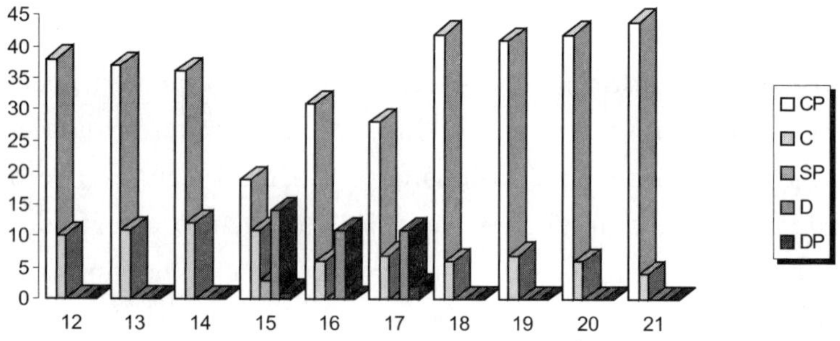

Tais proposições dizem respeito a diferentes aspectos da tecnologia e não apresentam relação de complementaridade. Seria necessário entrevistar os respondentes que se posicionaram desta forma para elucidar e esclarecer tais representações, nível de detalhamento que escapa aos objetivos deste trabalho.

De todo modo, fica bastante evidente que a proposição que obteve o maior número de adesões é aquela que declara, de modo inequívoco, que a tecnologia é a aplicação da ciência (proposição 21). Aliás, de todas as 48 proposições, esta é a que cooptou maior número de simpatizantes, indicando, desta forma, tratar-se de uma representação bastante unânime, de um conhecimento bem estabelecido, de um saber ancorado que certamente terá repercussões nas relações sociais estabelecidas pelos futuros docentes em suas relações educativas formais e informais.

Muitos respondentes discordaram das proposições 15, 16 e 17, indicando a mesma confusão conceitual já mencionada. Particularmente, a 17ª proposição apresenta uma sentença que corrobora a idéia da origem "científica" da tecnologia. Mesmo assim, foi com relação a ela que o maior número de respondentes discordou.

Parece ser pertinente enfatizar o grau significativo de discordâncias em torno de duas proposições a saber: a tecnologia é o conjunto de inovações materiais para melhoria de alguma coisa (11 discordâncias, 23%); a tecnologia é o estudo e a produção de novas técnicas a partir do avanço científico (11 discordâncias, 23%). Essas discordâncias, em vez de sinalizarem uma postura crítica por parte dos futuros docentes, considerando posicionamentos positivos assumidos com relação a outras proposições, constituem indicadores de dificuldades reais de compreensão das dimensões histórica, econômica, política, epistemológica, ética e cultural da tecnologia, o que constitui, como foi enfatizado, um importante entrave para o exercício de uma atividade docente condizente com o M2. De modo geral, é bastante claro que o grupo de alunos apresenta posicionamentos bastante condicionados por representações tradicionais acerca da tecnologia, que são reflexo de determinismos históricos e econômicos que caracterizam a própria relação que a sociedade ocidental estabeleceu com o conhecimento tecnológico.

Grupo 3: Posicionamentos sobre a origem da ciência

Os posicionamentos dos respondentes com relação à origem da ciência (proposições 22 a 28) revelam certo descompromisso com o conhecimento, com a logicidade do raciocínio. A maioria dos graduandos concorda ao mesmo tempo que a ciência tem sua origem na intencionalidade de pesquisadores, por meio de estudos específicos, e também que ela existe desde os primórdios da humanidade, desde o descobrimento do fogo que, por força das circunstâncias, é situado como conhecimento científico. Observe as proposições deste grupo e os respectivos posicionamentos dos respondentes (Tabela 6):

TABELA 6

Proposições sobre a origem da ciência

Proposições	Concordâncias/Discordâncias				
	CP	C	SP	D	DP
22. A ciência tem sua origem na pesquisa por meio de estudos específicos	38 (73%)	7 (8%)	9 (12%)	3 (7%)	0
23. A ciência tem sua origem em estudos científicos dedicados a uma causa e, em muitas vezes, emerge também do conhecimento do senso comum	37 (77%)	0	7 (15%)	4 (8%)	0
24. A ciência tem sua origem na filosofia	28 (58%)	4 (8%)	16 (33%)	0	0
25. A ciência tem sua origem no descobrimento do fogo	36 (75%)	10 (21%)	2 (4%)	0	0
26. A ciência tem sua origem nos primórdios da história	36 (75%)	10 (21%)	2 (4%)	0	0
27. A ciência tem sua origem no aparecimento do ser humano na Terra	33 (69%)	14 (29%)	1 (2%)	0	0
28. A ciência tem sua origem na necessidade de os seres humanos melhorar alguma coisa existente, adequando-a às suas necessidades e, também, do desejo de identificar melhores condições de vida e comodidade	37 (77%)	10 (21%)	1 (2%)	0	0

A proposição indica que a ciência tem origem na necessidade dos seres humanos em melhorar alguma coisa existente, adequando-a às suas expectativas, e também no desejo de identificar melhores condições de vida e comodidade, obtendo significativa adesão por parte dos graduandos. Essa proposição evoca uma das características básicas do M2: a vinculação da pesquisa científica a necessidades sociais, a problemas concretos e reais da humanidade. Evoca também o princípio da reflexibilidade, segundo o qual toda a produção de conhecimentos deve ser mediada por um diálogo entre o passado e o presente, da obra com seu contexto, colocando em evidência sua "razão de ser", sua responsabilidade diante da sociedade, condição para o aumento de sua credibilidade social. Embora seja impossível discernir sobre a real consciência dos respondentes com relação aos "bastidores" da proposição, é interessante ressaltar sua ligação com os fundamentos do Novo Modo de Produção do Conhecimento.

O Gráfico 4, construído a partir dos dados da Tabela 6, ilustra o fato de que apenas a 24ª proposição, tendo em vista seu teor e forma, não constitui representação inteiramente coletivizada, permanecendo conhecimento restrito a poucos respondentes. Entretanto, as discordâncias com relação às proposições 22 e 23, assim como as concordâncias com relação às demais, evidenciam a preferência pela idéia de que a ciência existe desde o surgimento da humanidade e corroboram as considerações já feitas sobre a existência de relações excessivamente naturais com o empreendimento científico, comumente percebido como um elemento da natureza, que sempre existiu, independentemente da ação e da reflexão humana.

GRÁFICO 4

Proposições sobre a origem da ciência

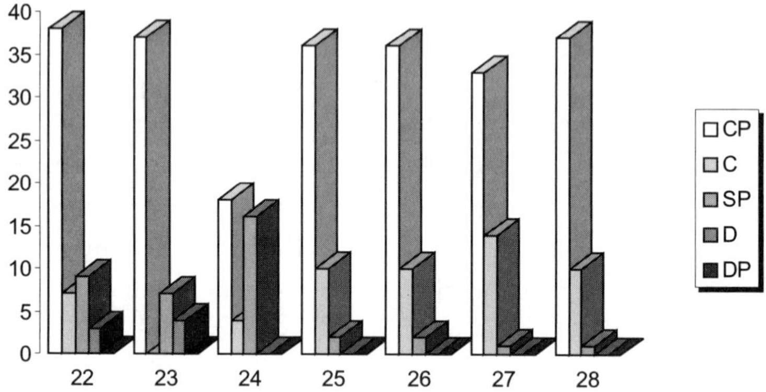

Apesar da costumeira confusão representacional que faz um número significativo de respondentes posicionar-se favoravelmente tanto com relação à proposição 28 quanto com relação às proposições 23, 25, 26 e 27, talvez estejam situadas neste último conjunto as representações mais problemáticas do ponto de vista da ação docente para a qual os respondentes se preparam, por constituírem fatores que podem afastar o indivíduo de possibilidades de interferência no campo científico, tendo em vista que o corpo teórico-explicativo proposto pela Ciência tende a ser considerado como inquestionável, como imutável, como suficiente e eterno, independentemente de necessidades humanas e das considerações de fatores sociais (Krasilchik, 1987; Cronin-Jones, 1991; Vidal, 2000; Fourez, 1995).

Os estudantes que participaram do grupo nominal formularam apenas uma proposição sobre a origem da tecnologia (29), cuja gênese é associada à própria ciência. A proposição em questão obteve a concordância de todos os respondentes e corresponde a uma representação aparentemente bem ancorada tanto individual quanto coletivamente.

TABELA 7

Proposição sobre a origem da tecnologia

Proposições	Concordâncias/Discordâncias				
	CP	C	SP	D	DP
29. A tecnologia tem sua origem na ciência	40 (83%)	8 (17%)	0	0	0

Ainda que os dados não forneçam tal informação específica, verifica-se, a partir de experiência na formação de professores para o ensino fundamental, que considerar a ciência como origem do empreendimento tecnológico conduz o indivíduo a relacionar-se com este último da mesma forma hermética e distante que permeia seu relacionamento com a ciência. Não foi possível identificar pesquisas sobre representações de professores de Ciências acerca da tecnologia, mas tendo em vista alguns estudos sobre representações acerca da Ciência, pode-se inferir que, ao considerar a tecnologia como empreendimento intrinsecamente dependente da ciência, os futuros professores estão percorrendo o mesmo caminho indicado por Cronin-Jones (1991) e por McDermott (1990) e conduzindo as crianças a estabelecerem com a Tecnologia um relacionamento excessivamente respeitoso, a-crítico e desprovido de intencionalidade de interferência. O Gráfico 5 permite uma outra visualização desse dado.

GRÁFICO 5

Proposição sobre a origem da tecnologia

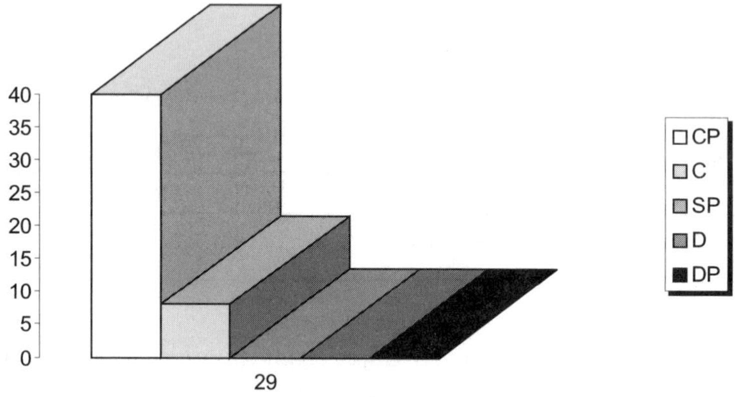

Grupo 4: Proposições sobre os beneficiários da ciência

Tendo em vista as representações apresentadas com relação à Ciência e ao perfil socioeconômico dos respondentes da pesquisa, é de se esperar que os futuros docentes não se considerem como beneficiários diretos da Ciência, normalmente percebida como sendo produzida e destinada às "elites econômicas" e à classe média (Fourez, 1995). De fato, as proposições 30 a 40 revelam a preferência por representações que associam os benefícios da ciência a apenas uma parcela da população, idéia recorrente em seis proposições.

Neste grupo de proposições, apresentadas na Tabela 8, uma idéia que recebeu uma adesão importante corrobora a relação de dependência da tecnologia com relação à ciência (proposição 30). Também é significativa a adesão às proposições 31 e 39, que propõem que a ciência beneficia a todas as pessoas.

TABELA 8
Proposições sobre os beneficiários da ciência

Proposições	Concordâncias/Discordâncias				
	CP	C	SP	D	DP
31. A ciência beneficia diretamente a todas as pessoas	26 (54%)	21 (44%)	1 (2%)	0	0
32. A ciência beneficia diretamente aqueles que dela vivem em estudo constante	37 (77%)	9 (19%)	1 (2%)	1 (2%)	0
33. A ciência beneficia diretamente a todos, incluindo os grandes grupos econômicos com a venda de resultados de pesquisas	31 (65%)	12 (25%)	4 (8%)	1 (2%)	0
34. A ciência beneficia diretamente a sociedade em geral, mas principalmente a elite dominante	36 (75%)	9 (19%)	3 (6%)	0	0
35. A ciência beneficia diretamente aqueles que podem pagar para obtê-la	37 (77%)	9 (19%)	2 (4%)	0	0
36. A ciência beneficia diretamente aqueles que utilizam os seus resultados	38 (79%)	10 (21%)	0	0	0
37. A ciência beneficia diretamente apenas uma parcela da sociedade	31 (65%)	16 (32%)	1 (3%)	0	0
38. A ciência beneficia diretamente quem a produz, se não transformá-la em tecnologia	29 (60%)	16 (33%)	2 (4%)	1 (2%)	0
39. A ciência beneficia diretamente os seres humanos	28 (58%)	19 (40%)	1 (2%)	0	0
40. A ciência beneficia diretamente alguns grupos e determinada parte da sociedade que dispõe de mais recursos	26 (54%)	20 (42%)	2 (4%)	0	0

Uma representação gráfica deste conjunto de proposições (Gráfico 6) revela o alto índice de adesão a todas as proposições. No entanto, as adesões mais irrestritas aparecem nas proposições que relacionam o conhecimento científico ao poder social (34) e ao poder econômico (35).

GRÁFICO 6

Proposições acerca dos beneficiários da ciência

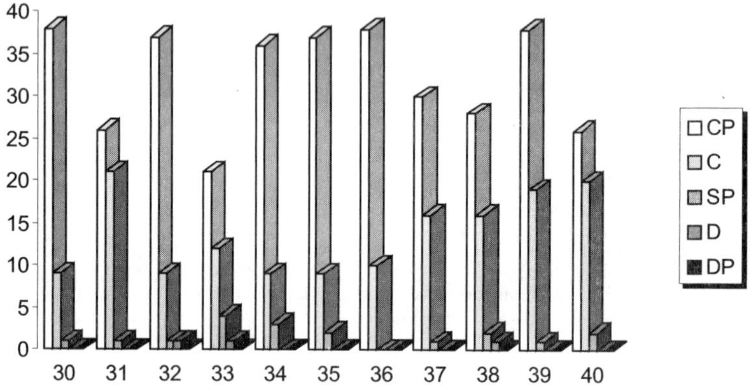

Grupo 5: Proposições sobre os beneficiários da tecnologia

As proposições do quinto grupo avançam na mesma direção das do grupo anterior e, via de regra, associam a tecnologia às classes sociais superiores (Tabela 9). Os futuros docentes revelam que, para eles, a tecnologia é traduzida em benefício de poucas pessoas, das elites dominantes e das classes sociais mais ricas. Assim sendo, é subjacente a informação de que eles se consideram excluídos do processo tecnológico, especialmente considerando-se o percurso escolar comumente identificado em estudantes de Pedagogia que, vítimas do mesmo círculo vicioso que possivelmente ajudarão a perpetuar, afastaram-se ou foram afastados dos caminhos da formação científica e tecnológica.

Estes dados, traduzidos sob a forma de um gráfico de barras (Gráfico 7), evidenciam também uma certa polêmica com

TABELA 9

Proposições sobre os beneficiários da tecnologia

Proposições	Concordâncias/Discordâncias				
	CP	C	SP	D	DP
41. A tecnologia beneficia diretamente as classes sociais mais ricas	28 (58%)	19 (40%)	1 (2%)	0	0
42. A tecnologia beneficia diretamente a todos, incluindo os grandes grupos econômicos com a venda de resultados de pesquisas	36 (75%)	11 (23%)	1 (2%)	0	0
43. A tecnologia beneficia diretamente a sociedade	28 (58%)	19 (40%)	1 (2%)	0	0
44. A tecnologia beneficia diretamente a sociedade em geral, mas principalmente a elite dominante	35 (73%)	11 (23%)	2 (4%)	0	0
45. A tecnologia beneficia diretamente apenas algumas pessoas	16 (33%)	11 (23%)	7 (15%)	14 (29%)	0
46. A tecnologia beneficia diretamente quem tem condições financeiras e intelectuais para usufruir dela como aliada, adquiri-la	34 (70%)	10 (21%)	4 (8%)	0	0
47. A tecnologia beneficia a todos, mas não diretamente	36 (75%)	8 (17%)	4 (8%)	0	0
48. A tecnologia beneficia diretamente quem tem condições financeiras para ter acesso a ela	37 (77%)	8 (17%)	3 (6%)	0	0

relação à proposição 45, que propõe que a tecnologia beneficie apenas algumas pessoas. Apesar de que outras proposições de mesma natureza obtiveram adesão total (41 e 44, por exemplo), quatorze pessoas se posicionaram em desacordo com essa idéia e sete não manifestaram nenhum posicionamento. Aqui, mais uma vez, detecta-se uma certa confusão de representações que indica a fragilidade dos respondentes para se posicionarem de maneira coerente e inequívoca sobre a temática em estudo.

GRÁFICO 7

Proposições acerca dos beneficiários da tecnologia

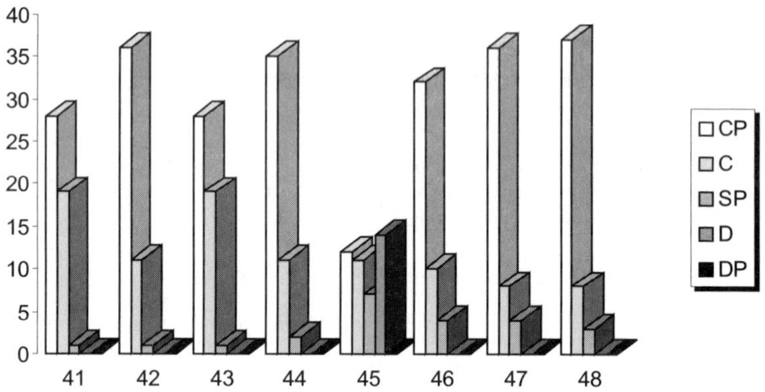

De qualquer forma, o conjunto de representações sobre quem se beneficia da ciência e da tecnologia é, por si só, muito significativo na medida em que revela uma série de posicionamentos que associam a produção de C & T ora a todo o público, ora apenas aos que têm condições de acesso; ora aos próprios cientistas, ora aos que têm poder econômico ou político. Tais proposições revelam a existência de representações, em estágio de objetivação, das relações que a ciência e a tecnologia estabelecem com diferentes atores sociais, tanto "internamente" (cientistas e tecnólogos), quanto "externamente" (público em geral, grupos econômicos, elites dominantes, etc.). Praticamente 100% dos respondentes concordam que a ciência e a tecnologia beneficiam diretamente apenas as classes sociais mais ricas ou as elites dominantes. Os demais membros da sociedade seriam, portanto, beneficiados indiretamente. Parece-nos então clara a existência de uma representação social de que há um processo de exclusão associado à produção e ao consumo de ciência e de tecnologia. Trata-se aí de uma concepção capital para a lida com questões de natureza científica e tecnológica, que certamente será bastante pertinente para o exercício da atividade docente.

A relação de dependência absoluta estabelecida entre a tecnologia e a ciência parece reforçar bastante a percepção desta última como "motor da humanidade", da qual todos dependem inexoravelmente, seja para facilitar as vidas, seja para viabilizar o avanço e a produção de mais conhecimento. Produzida apenas por pessoas especiais, a Ciência seria assim uma entidade sobrenatural, inquestionável, cuja história está associada à própria história da espécie humana. Desse modo, mesmo quando os respondentes colocam que a ciência é conhecimento "produzido" (proposição 11), percebe-se a idéia subjacente de que a ciência é conhecimento "descoberto" sendo, portanto, de negação impossível e de aceitação compulsória. De responsabilidade exclusiva de cientistas, o processo de produção do conhecimento científico teria também, conforme indicam os alunos consultados, um *locus* por excelência: o laboratório, como é enfatizado na proposição nº 2, colocação que se distancia da idéia proposta por Knorr-Cetina (1982) acerca das arenas transepistêmicas e dos foros híbridos para a produção de conhecimentos.

Sob a ótica do Letramento Científico e Tecnológico, esses dois grupos de proposições alinham-se na contramão dos três eixos citados no Capítulo 2: político-econômico, social e humanista. Do ponto de vista político-econômico, parece-nos claro que cidadãos detentores de tais posturas não apresentam condições de participação efetiva na delimitação da cultura científica e tecnológica necessária para dar suporte a qualquer projeto de inserção do País no seio do Novo Modo de Produção do Conhecimento. Do ponto de vista social, tais posturas, por sua natureza altamente ideológica, fragilizam o cidadão em sua posição de ator do processo de produção de C & T, submetendo-o facilmente, como indivíduo e como membro de um grupo, a situações altamente tecnocráticas (Fourez, 1995). Do ponto de vista humanista, também parece claro que as concepções evidenciadas distanciam os interlocutores de uma interação mais ampla com dimensões histórica, epistemológica, estética, ética e cultural da ciência e da tecnologia. Tendo em vista que os interlocutores em questão são futuros professores, responsáveis pela formação científica inicial de novas gerações de cientistas e de cidadãos em geral, o quadro demanda certos cuidados.

Convém aqui retomar e relembrar algumas questões evocadas no Capítulo 2: Como pode o pedagogo intermediar a transposição de saberes que, para ele, são inabordáveis em sua essência, indiscutíveis em sua forma e inexoráveis em seus efeitos? Que transposição de conhecimentos poderá ele operar se, em sua ótica, o indivíduo não é visto como parte ativa e determinante com relação aos *inputs* e aos *outputs* do sistema científico-tecnológico? São questões que permanecem em aberto e que precisam de solução, especialmente se for considerado que o Letramento Científico e Tecnológico, de acordo com os princípios anunciados no segundo capítulo, constitui uma das bases mais importantes para a instauração do M2. No entanto, e de modo geral, os futuros profissionais docentes demonstraram pouquíssima intimidade com relação à ciência, à tecnologia e a seu modo de produção, como pode ser constatado no conjunto de proposições elaboradas livremente na última parte do questionário.

Terceira parte: Representações livres acerca da ciência e da tecnologia

As 48 proposições produzidas pelos participantes da sessão do grupo nominal, e corroboradas por alunos dos cursos de

Pedagogia das três universidades pesquisadas, foram enriquecidas por estes últimos por meio de uma série de formulações espontâneas acerca da natureza da ciência e da tecnologia. Tais representações livres não têm a mesma dimensão das proposições que compunham o questionário. Estas últimas, tendo em vista seu modo de obtenção, por meio da TGN, são consideradas como representações coletivas, no sentido moscoviciano do termo, como um retrato dos posicionamentos de todo um grupo acerca de C & T. As representações livres apresentadas a seguir constituem apenas posicionamentos individuais, não tendo sido corroborados por pares, para efeito de sua socialização. Elas são, no entanto, importantes indicadores de visões de mundo construídas por indivíduos no âmbito de suas interações sociais, tendo sido formuladas sem submissões a pensamentos de terceiros, com menos formalismos e com mais liberdade de expressão:

1. Acho que ciência e tecnologia são a mesma coisa. Uma é aplicação da outra, e as duas vêm avançando desde a Pré-história.
2. Eu concordei com todas as questões porque acho que a ciência avança independentemente de nossa vontade. E ela ajuda a tecnologia a produzir máquinas e ferramentas que necessitamos para viver melhor.
3. As ciências urgem da própria vivência dos cientistas nos laboratórios. A tecnologia também. Todo mundo depende da tecnologia, senão o mundo seria como na idade da pedra.
4. A ciência e a tecnologia são produzidas para ricos. Pobres não têm acesso.
5. A sociedade depende da ciência e da tecnologia para evoluir. Ambas são importantes descobertas do homem.
6. São os cientistas que descobrem a ciência e fazem-na avançar a cada dia, influenciando a Tecnologia e melhorando nossas vidas.

7. A tecnologia vem, em geral, das indústrias.
8. A ciência deve ser descoberta em laboratórios científicos secretos, nos Estados Unidos e em outros países desenvolvidos.
9. Não sei qual é a origem da ciência. Imagino que deva ser a natureza, com toda a sua riqueza, ou se não é Deus, pois tudo foi criado por ele, até mesmo a ciência.
10. Ciência e tecnologia completam-se no mesmo objetivo: contribuir para o bem da humanidade. A existência de uma depende da existência da outra. Ambas são importantes e são desenvolvidas em grandes laboratórios e indústrias.
11. A ciência é constituída por conhecimentos desenvolvidos nas universidades, nas indústrias e nos centros de pesquisa.
12. A ciência é um saber acumulado e passado de geração a geração. Mas há muitas inovações, especialmente no campo da tecnologia.
13. A tecnologia ajuda a ciência e a ciência ajuda a tecnologia. E isto melhora a vida de todos nós, que devemos agradecer aos cientistas do mundo todo por se preocuparem com o bem da humanidade.
14. A ciência foi originada no início da civilização e esta última precisa dela para existir. Sem ciência, não poderíamos compreender o mundo e tudo o que existe. Por sua vez, sem tecnologia não poderíamos fabricar remédios, automóveis, televisões, etc. Ciência e tecnologia são grandes invenções da humanidade.
15. A ciência moderna surgiu do projeto iluminista de dissociar a razão da emoção. A tecnologia é conseqüência da necessidade do homem de criar artefatos para interferir na natureza.
16. A ciência é a mais importante invenção do ser humano e serve para que todos nós possamos viver melhor. A tecnologia também. No Brasil, nem todos, beneficiam delas, mas a grande maioria da população vive bem.
17. A ciência é a atividade dos cientistas, como se pode ver no filme *O homem sem sombra*. Mas a tecnologia também é prati-

cada por pessoas de grande conhecimento técnico, que usam o avanço da ciência como base para o avanço tecnológico. Mas a ciência está bem na frente. Por exemplo, enquanto a ciência está procurando clonar o ser humano, criando um outro ser humano artificial, a tecnologia está tentando fazer robôs idênticos ao ser humano, o que vai levar muito mais tempo.

18. A ciência e a tecnologia contribuem para a melhoria da sociedade. Sem elas, não poderíamos viver na Terra e também não poderíamos pensar em ir a outros planetas. Ciência e tecnologia são úteis para todos e devem ser protegidas.
19. A ciência e a tecnologia são coisas opostas. A ciência contribui para o bem da humanidade enquanto a tecnologia está destruindo a humanidade.
20. A ciência é praticada por cientistas e a tecnologia por tecnólogos. E tem também a ciência aplicada, que é sinônimo de tecnologia com preocupações sociais.
21. A ciência é a mais importante atividade humana, que tem relacionamento com o avanço do conhecimento e da espécie humana, principalmente na produção de inovações tecnológicas.
22. A ciência e a tecnologia servem para o bem da humanidade. Todos nós dependemos delas para a cura de doenças, para a melhoria de nossas vidas. Sem a ciência e a tecnologia, a vida na Terra não seria possível.
23. Todos se beneficiam da ciência e da tecnologia, por meio de carros, remédios, aviões, cura de doenças, etc.

Dentre as inúmeras considerações que podem ser desenvolvidas tendo por base essas representações livres, optou-se por evidenciar três concepções recorrentes, que revelam e reforçam mais uma vez as relações conflituosas que pudemos constatar. A primeira idéia que salta aos olhos é de uma ciência "descoberta", que coloca esta última no mesmo patamar dos fenômenos da natureza, vindo sendo "esclarecidos" por cientistas em laboratórios "secretos", por meio de pesquisas altamente complexas. A segunda idéia recorrente é a que evidencia a natureza "boa" e positiva da ciência e da tecnologia, que são vistas como elementos fundamentais para o bem da humanidade e para garantir o progresso em todos os sentidos. A terceira idéia recorrente diz respeito à dependência funcional estabelecida entre a tecnologia e a ciência, da qual depende o bem-estar de toda a sociedade e que torna o cientista um verdadeiro herói merecedor de agradecimentos e reconhecimentos.

Apenas nestas representações livres, foi evocada a possibilidade de participação do meio industrial na produção de ciência e de tecnologia (proposição nº 11). De toda evidência, os professores consultados, apesar de receberem formação pertinente, ignoram a possibilidade da participação de outros foros na produção de conhecimentos, além daqueles tradicionalmente apontados: centros de pesquisa, laboratórios e universidades. Em outras palavras, a formação universitária dos futuros docentes permanece alicerçada no Modo Tradicional de Produção (M1) e ignora a possibilidade de estabelecimento de situações como as previstas por Etzkowitz e Leydersdoff (1988), em que o meio universitário tende cada vez mais a operar em consonância com os meios industriais e governamentais.

Considerando os dados obtidos em seu conjunto, pode-se constatar a confirmação da hipótese de trabalho inicialmente considerada que previa que os professores de ciências do ensino fundamental, por desconhecerem o jogo da produção e da difusão da ciência e da tecnologia, atribuem a esse conhecimento o mesmo estatuto epistemológico atribuído ao conhecimento oriundo do senso comum em seu sentido "natural", isto é, relacionado com o conhecimento científico vulgarizado, e o consideram praticamente independente da intervenção humana. A hipótese de trabalho mostra-se igualmente pertinente no que diz respeito ao estatuto atribuído pelos futuros professores àqueles que trabalham diretamente na produção de conhecimentos, que são efetivamente percebidos como detentores de um estatuto social diferenciado, exatamente como acontece com aqueles que lidam com saberes oriundos do senso comum em seu sentido "sobrenatural", isto é, de natureza mística, mágica e religiosa.

Em conseqüência da análise dos dados, é bastante perceptível que há deficiências importantes no Letramento Científico e Tecnológico dos futuros pedagogos, que atuarão como professores de ciências com crianças em fase de início de escolarização. Nenhum indício pôde ser apontado acerca da existência da compreensão de que a produção do conhecimento científico e tecnológico é um processo socialmente distribuído em diferentes foros e sob a responsabilidade de diferentes grupos sociais, incluindo o grande público. Aliás, como público, os alunos que participaram do trabalho consideram-se bastante distanciados das instâncias produtoras de C & T, o que pode reforçar posicionamentos herméticos, mistificadores e alienantes. Retomando as colocações de Fourez (1995), nenhuma sociedade do conhecimento democratizado será possível a partir de tais posturas, que tendem a ser transmitidas compulsoriamente às novas gerações por meio da escola, que tornar-se-á, dessa forma e cada vez mais, um espaço distanciado dos movimentos sociais rumo a um Novo Modo de Produção. Pelo contrário, as posturas dos futuros professores permanecem centradas em um Modo Tradicional de Produção (M1), para o qual um Modo Tradicional de Formação (F1) seria suficiente.

Parece então evidente que a formação universitária recebida pelo público-alvo da pesquisa deixa lacunas importantes em termos da compreensão dos avanços teórico-conceituais sobre a produção de conhecimentos, o que reforça a premissa mencionada no Capítulo 1, de que há uma grande desarticulação das instituições de ensino com relação ao Novo Modo de Formação demandado pela sociedade emergente e, conseqüentemente, com relação à nova dinâmica do progresso científico e tecnológico. No âmbito do ensino superior, tradicional *locus* de produção de conhecimentos, tais lacunas podem ser interpretadas como resistências a mudanças de estatuto.

De todo modo, e conforme a abordagem teórica apresentada nos Capítulos 1 e 2, os esforços que têm sido feitos no sentido de se desmistificar a ciência, a tecnologia e seu processo de produção com professores de ciências das séries iniciais do ensino fundamental não têm surtido o efeito desejado e necessário para engajar o profissional docente em questão na chamada "virada epistemológica" por que passa o processo de produção de conhecimentos, conduzindo-o à compreensão de que a produção científico-tecnológica e a aplicação de seus resultados são ações que deveriam perpassar a própria humanidade e seu projeto de existência e de persistência, envolvendo dimensões acadêmicas, políticas e industriais que precisam ser explicitadas, conhecidas, exploradas sob pena de se avançar às cegas mas obliterados rumo a uma sociedade altamente tecnocrática.

Capítulo 4

Rumo a um Novo Modo de Formação Científica e Tecnológica

A constatação, à luz dos dados analisados, de que a transposição didática de conhecimentos científicos e tecnológicos no ensino fundamental pode ser comprometida, conduz imediatamente a observar a situação problemática de um ângulo mais amplo, a fim de elaborar uma visão analítico-crítica do próprio modo de formação dos futuros pedagogos no campo da ciência e da tecnologia que, no final das contas, é a formação geral à qual todos nós fomos normalmente submetidos ao longo dos níveis fundamental e médio, totalizando cerca de doze anos de escolarização. Este Modo Tradicional de Formação em Ciência e em Tecnologia (F1) apresenta algumas características que dificultam a viabilidade daquelas preconizadas pelo Novo Modo de Produção do Conhecimento (M2) e propostas pela nova sociedade emergente. Por se tratar de um modo de formação que, indubitavelmente, responde às premissas da sociedade industrial, o F1 conduz-nos à aquisição sumária de conhecimentos compartimentados, todos transmitidos da mesma forma, ao mesmo tempo, no mesmo ritmo, com os mesmos objetivos, avaliados nos mesmos moldes quantitativos por força das circunstâncias.

Enquanto Gibbons e seus colaboradores (1994) anunciam que o Modo de Produção de Ciência e Tecnologia tende a tornar-se cada vez mais um processo socialmente distribuído, o modo de formação sobre ciência e tecnologia permanece extremamente retrógrado, avançando em um descompasso cujas conseqüências podem ser graves, comprometendo o próprio avanço científico e tecnológico das nações.

Conseqüentemente, solidifica-se a idéia de que a emergência do M2 parece apontar para a necessidade de um Novo Modo de Formação em Ciência e em Tecnologia (F2) que, tanto quanto o Novo Modo de Produção do Conhecimento, venha a ser:

1. Globalmente contextualizado, refletindo, portanto, em um aumento exponencial na produção de conhecimentos a serem constantemente construídos, reconstruídos, re-situados.
2. Fator de agregação de valor aos próprios conhecimentos adquiridos pelo indivíduo, tanto pela sua natureza dinâmica e altamente adaptativa quanto pela sua condição de instrumento para compreensão e inserção na sociedade e para construção de mais conhecimento.
3. Extremamente heterogêneo tendo em vista a desmistificação da natureza da Ciência e da Tecnologia, que não são mais vistas apenas como conhecimentos acadêmicos descontextualizados, mas sobretudo como conhecimentos aplicados.
4. Relacionado com necessidades sociais reais e, conseqüentemente, inseridos em uma malha de construção em nível global, considerando grande variedade de saberes, o que, em certo sentido, é também uma garantia de reconhecimento público do conhecimento e do sujeito que o detém.
5. Inserido em um diálogo permanente sobre os fins e os meios, sobre o conhecimento e seu contexto, em uma dinâmica de reflexibilidade.

6. Indicador da responsabilidade social daquele que os detém, na medida em que todo conhecimento construído deve ter a sociedade como foco, como inspiração e como objetivo e deve constituir instrumento para a superação das limitações da condição humana, sempre em uma perspectiva de interação com o meio social e do estabelecimento de relações promissoras entre a ciência, a tecnologia e a sociedade.
7. Essencialmente transdisciplinar, baseada na interação contínua entre os diferentes campos de saber e na abolição de saberes estanques e descontextualizados.
8. Recurso de instrumentação do indivíduo para a produção de mais conhecimento científico e tecnológico, segundo os mesmos princípios de interação e de iteração que caracterizam o Novo Modo de Produção do Conhecimento.

As representações coletadas e analisadas no âmbito deste trabalho de pesquisa revelam, em uma tentativa de resumo, uma certa apatia e um certo nível de desconhecimento acerca do mundo da ciência e da tecnologia e de sua influência nas condições de existência humana. Proposições epistemologicamente distintas obtiveram adesão total dos respondentes, o que os situa em certa confusão conceitual delineada pelo próprio sistema de formação do qual todos são oriundos. No entanto, mesmo que a receptividade a tais proposições fosse mais coerente, elas encerram em seu enunciado uma visão bastante tradicional de ciência e tecnologia, ainda relacionada com modos tradicionais de produção do conhecimento, com modos tradicionais de aquisição de conhecimentos, em que as características antes citadas, todas emprestadas do M2 anunciado por Gibbons, não têm espaço nem vez. Isso pode ser explicado porque o M2 já está se consolidando nos países desenvolvidos, mas está apenas emergindo no Brasil.

É evidente que, quando se pensa em arenas transepistêmicas para a produção científica e tecnológica (Knorr-Cetina, 1982), pode-se pensar também nessas mesmas arenas para a divulgação de conhecimentos, cuja transposição didática deve se fazer de modo cada vez mais aberto. Mas, apesar de tal pensamento, que aliás é bastante óbvio, os mecanismos de formação continuam a não refletir esta realidade, ou melhor, esta necessidade, como indicam os dados obtidos na pesquisa, que evidenciam a importância de se fazer um amplo trabalho de divulgação científica, de aproximação entre a prática científica, a produção tecnológica e a vida diária das pessoas.

É interessante observar que tal necessidade já vem sendo apontada há um certo tempo. Há quatorze anos, o Instituto Gallup de Opinião Pública desenvolveu uma interessante pesquisa para o Museu de Astronomia e Ciências Afins (Mast), cujo objetivo era

> ... avaliar a imagem que a população urbana brasileira tem sobre o desenvolvimento científico-tecnológico do País e suas implicações na organização da sociedade. Buscou-se também verificar as demandas sociais pela atividade técnico-científica, a fim de auxiliar na formulação de políticas públicas em C & T (Mast, 1987, p. 5).

A pesquisa em questão tinha também como diretriz o fato de que a participação da população na definição dos rumos de políticas científicas e tecnológicas é absolutamente necessária como parte do esforço nacional para construção de um Estado democrático capaz de avançar na produção de conhecimentos e de manter a própria viabilidade nestes tempos de avanço da globalização. Trata-se de uma diretriz que mantém toda sua contemporaneidade, na medida em que é cada vez mais evidente o papel crucial que a ciência e a tecnologia têm a desempenhar no estímulo, no impulso e na manutenção do desenvolvimento.

Embora o público-alvo da pesquisa Gallup tenha sido mais amplo que aquele considerado para esta pesquisa de doutoramento, é interessante observar como as conclusões de ambas se aproximam, passadas quase duas décadas da realização do primeiro estudo. Por exemplo, a pesquisa Gallup revelou que naquela época já existia um alto nível de interesse pela Ciência, interesse este diretamente proporcional ao nível de instrução e ao poder socioeconômico da população. Da mesma forma, tal interesse pode ser claramente observado durante a aplicação da Técnica do Grupo Nominal, primeira etapa do processo de coleta de dados para a realização desta pesquisa, em que um grupo de estudantes de Pedagogia da Faculdade de Educação da Universidade de Brasília manifestou-se acerca de alguns aspectos da produção científica e tecnológica.

Ficou igualmente claro durante a aplicação da TGN que muitas vocações científicas são sufocadas por condições socioeconômicas e pela existência de um círculo vicioso que faz com que professores de Ciências despreparados sejam responsáveis por despertar nas novas gerações o interesse pela ciência e pela tecnologia. Trata-se de um problema grave, ignorado pelas políticas públicas, que remete aos princípios fundamentais evocados pelos teóricos do campo da Ciência Tecnologia Sociedade (CTS), segundo os quais a participação efetiva do cidadão na Sociedade da Informação (Lévy, 1999) não depende unicamente de fatores quantitativos relacionados à democratização do conhecimento científico e tecnológico, mas também, e principalmente, de fatores qualitativos relacionados à natureza dos conhecimentos construídos pelo cidadão acerca da ciência e da tecnologia.

Outra conclusão semelhante nos dois trabalhos diz respeito à imagem detida pelo público acerca do cientista, da ciência e da tecnologia. Os estudantes consultados continuam percebendo o cientista como alguém especial, culto, desprendido, dotado de saberes e "poderes" especiais, relacionados com a inovação, com as descobertas, com as invenções. Nessa mesma ordem de idéias, a ciência e a tecnologia continuam a ser representadas como entidades essencialmente benéficas, inquestionáveis, mitologizadas, distanciadas do quotidiano imediato das pessoas, mas cujas conquistas têm repercussões positivas diretas sobre a vida de todos e de cada um.

A constatação de que o Novo Modo de Produção do Conhecimento necessita, para se firmar, de indivíduos imbuídos de representações qualitativamente diferenciadas acerca da ciência e da tecnologia emerge de si mesma e já foi abordada no Capítulo 1. No entanto, é igualmente evidente que o F2 não está emergindo na mesma velocidade que o M2, este último ainda bastante embrionário no contexto brasileiro. Igualmente, é claro que o modo de formação tradicional F1, condizente com o M1, perpassa ainda e com bastante intensidade a maior parte das iniciativas no campo da produção científica e tecnológica, sobretudo em países com a configuração socioeconômica do nosso, fenômeno de conseqüências obviamente negativas com relação ao avanço do País no cenário do M2.

Vários estudos, alguns deles referenciados neste trabalho, costumam focar o meio universitário como fator importante na resistência ao surgimento de novos modos de produção de conhecimentos. No entanto, os dados apresentados e discutidos no capítulo anterior permitem que a problemática seja igualmente situada no ensino fundamental, ponto de partida para a futura formação universitária em ciência e em tecnologia. De fato, as instituições de ensino em geral e as de nível fundamental em particular, tal qual funcionam atualmente, parecem constituir importante *locus* de resistência, diser-se-ia até de impedimento, à instauração de um Novo Modo de Produção do Conhecimento. E as representações dos estudantes consultados nesta pesquisa, futuros profissionais docentes que atuarão nas séries iniciais do ensino fundamental, corroboram tal idéia.

Tendo em vista que os cursos de formação de pedagogos não privilegiam a formação científica em seus currículos, formação esta normalmente relacionada com, no máximo, duas disciplinas de quatro créditos voltadas para o estudo de metodologias de ensino de Ciências, é necessário questionar sobre as oportunidades que tal público teve, ao longo de sua vida anterior ao nível universitário, para relacionar-se com conteúdos qualitativamente significativos sobre ciência e tecnologia.

Imagine-se o percurso escolar típico de um desses estudantes, tendo como base dados de identificação dos participantes da TGN e os daqueles que responderam ao questionário. O aluno imaginário será caracterizado como sendo do sexo feminino, oriundo de classe média baixa, filho de pais com baixa escolarização, freqüentando o sistema escolar público, apresentando problemas amplamente conhecidos e divulgados: infra-estrutura deficiente, professores despreparados e mal remunerados, material didático inadequado e/ou defasado, inexistência de laboratórios de Ciências Físicas, Químicas e Biológicas e de recursos didáticos como mapas, maquetes, *softwares*, etc.

No ensino fundamental, a aluna imaginária é formalmente apresentada à ciência e à tecnologia por pedagogos polivalentes, na grande maioria das vezes do sexo feminino, que, até a quarta série, são responsáveis pelo trabalho pedagógico envolvendo todas as áreas do conhecimento (Língua Portuguesa, Matemática, História, Geografia, Ciências, etc.). E, como também é amplamente conhecido, tais pedagogas, justamente pelo próprio despreparo, concentram sua atuação primeiramente em Língua Portuguesa e, em seguida, em Matemática, deixando de lado as demais disciplinas. Particularmente, a área de Ciências é tradicionalmente conhecida como a "aula do finzinho do dia", por ser uma aula complicada, que desperta muito interesse, em que os alunos manifestam representações espontâneas, muitas vezes bastante contundentes, acerca do ambiente natural. Portanto, ao longo dos quatro primeiros anos de escolarização, essa aluna tem um contato limitado com questões de natureza científica e tecnológica, contato este normalmente pautado pelas representações equivocadas de suas professoras. Desse modo, pode-se supor que ela chega ao quinto ano do ensino fundamental totalmente despreparada e imbuída da idéia de que ciência e tecnologia são temas difíceis, complicados, extremamente especializados, demandando conhecimentos complexos, distanciados do cidadão comum. Tais representações são reforçadas pela imagem de ciência e tecnologia normalmente transmitida pelos diferentes meios de comunicação, como o cinema, a televisão e livros de histórias infantis (Désaultels e Larochelle, 1995).

No segundo ciclo do ensino fundamental (5ª a 8ª séries), a aluna imaginária tem acesso a disciplinas específicas de Química, Física e Biologia. Apesar de importantes fatores vocacionais e subjetivos que excluem a possibilidade de linearidade obrigatória nesse percurso inventado, neste momento a aluna encontra geralmente grandes dificuldades cognitivas. É importante considerar que os docentes com os quais lida nessa nova fase do ensino fundamental são oriundos de meios universitários tradicionais, como os descritos por Trigueiro e Figueiredo (1998), que também reforçam o hermetismo do campo científico-tecnológico sendo, portanto, extremamente resistentes à emergência de um Novo Modo de Produção do Conhecimento. No entanto, e lembrando que o percurso escolar imaginado tem como cenário meios sociais menos favorecidos, é possível supor que a escola fundamental continua apresentando os mesmos problemas anteriormente evocados.

O momento da passagem do ensino fundamental para o ensino médio é caracterizado, nas classes baixas da população, pela consideração de aspectos tais como localização geográfica da escola média mais próxima, independentemente de sua qualidade ou dos cursos oferecidos, necessidade de ingresso precoce no mercado de trabalho, etc. Trata-se de um momento em que o *background* científico-tecnológico tem importante papel na decisão a ser tomada pela aluna imaginária. Como ela não se sente "à altura" e não tem condições socioeconômicas para "dar asas" a vocações e aptidões, ela escolhe a formação para o magistério no turno noturno, como foi o caso de 80% das alunas participantes da Técnica do Grupo Nominal. Na escola normal, essa aluna é inteiramente distanciada da abordagem de questões científicas e tecnológicas, concentrando sua atenção em sua formação profissional, para a qual supõe-se que basta conhecer todo um arsenal de metodologias de ensino.

E chega finalmente o momento do ingresso na universidade. Cursinhos pré-vestibulares são acionados às pressas, fórmulas científicas decoradas sem nenhuma compreensão efetiva, um *background* cultural é forjado para que a aluna possa enfrentar o temido vestibular para Pedagogia, como seu percurso escolar geralmente impõe. Aquelas que conseguem ingresso em instituições públicas passam então a compor o público-alvo desta pesquisa, descrito no segundo e no terceiro capítulo e, uma vez formadas, retornam ao contexto do ensino fundamental, agora como profissionais docentes responsáveis pela formação inicial de novas gerações em ciência e em tecnologia.

Para uma configuração mais ampla desse quadro, seria necessário acompanhar o percurso daqueles que conseguem romper o caminho traçado e interessar-se por ciência e tecnologia no ensino médio e optar pela formação superior em disciplinas relacionadas com essas áreas. Eis aí uma nova possibilidade de investigação. No entanto, apesar do nosso desconhecimento acerca de dados de pesquisa sobre este tema, é conhecida a problemática do esvaziamento das classes científicas no ensino superior e das concepções equivocadas de graduados de áreas científicas acerca da ciência e da tecnologia (Guilbert e Meloch, 1993).

Em resumo, a problemática, apesar de suas inúmeras nuances, é a mesma e situa-se na inadequação da formação científica e tecnológica oferecida desde o ensino fundamental, tendo em vista a necessidade, imposta pelo próprio desenvolvimento da sociedade e da adoção de novas formas de relacionamento com a ciência e a tecnologia. E, como pode ser percebido, não é apenas o meio universitário que tem de ser responsabilizado pela existência e manutenção dessa situação problemática. Todo o sistema de formação tem sua parcela de contribuição para a manutenção de um *status quo* nocivo, discriminatório e altamente contributivo para a instauração de uma sociedade tecnocrática, como diria Fourez (1995).

A resistência à emergência do M2 pode ser associada à existência de uma significativa e oculta força de oposição ao surgimento de um Novo Modo de Formação, que viria estabelecer novas bases para a relação educativa, relacionadas com a valorização da criatividade, com a autonomia do aluno, com a interação com saberes múltiplos, obtidos em diferentes meios de comunicação. Tal força de oposição ignora que a sala de aula está cambaleante, que os alunos não se interessam mais pelo velho ritmo das aulas, que os próprios professores se sentem desarticulados para, apesar de manterem o mesmo discurso e a prática tradicionais, estabelecerem interações entre a classe e o que se passa fora dela.

Enfim, retomando o raciocínio original, e tendo em vista o exposto, é importante questionar: Como pode o professor de Ciências intermediar a comunicação de um conhecimento que, para ele, é uma verdadeira caixa-preta, inabordável em sua essência, indiscutível em sua forma e inexorável em seus efeitos? Não percebendo que o conhecimento científico e tecnológico é produzido por meio de tramas complexas envolvendo cientistas, inventores, industriais, investidores, grupos de pressão, consumidores, políticos, etc., e que ela não vem de fora da sociedade mas de seu interior, justamente como fator suscetível de transformá-la? Que transposição de conhecimentos poderá ele operar se os conhecimentos em questão sequer são percebidos como tal e se o indivíduo não é visto como parte ativa e determinante com relação aos *inputs* e aos *outputs* do sistema tecnológico? Apresentam-se, então questões que precisam ser respondidas, situações problemáticas que precisam de solução para que a sociedade como um todo construa representações mais abertas e holísticas com relação à ciência, à tecnologia e a seu processo de produção.

A análise das concepções que os futuros professores de Ciências constroem a respeito da ciência e da tecnologia revela e ratifica uma situação crítica já abordada por muitos autores, principalmente no que diz respeito às relações do público com o conhecimento formal. Em geral, esta situação crítica é apontada como sendo objeto de interações equivocadas com o conhecimento científico e tecnológico, cuja congruência e interface com a sociedade são raramente estabelecidas. Mas o público não é absolutamente o grande vilão dessa história. A construção de tais representações é igualmente fruto de um complexo jogo de poder, por meio do qual os resultados dos empreendimentos científico e tecnológico são apresentados como sendo fatos consumados e indiscutíveis, como o supra-sumo do avanço do conhecimento, plenos de saberes que estão além de nossa capacidade de compreensão, só nos restando usufrir de seus benefícios. E é evidente que, neste jogo de interesses de comunidades científicas e tecnológicas, econômicas e políticas, laboratoriais e industriais, a alienação do público com relação ao conhecimento é uma variável importantíssima, principalmente tendo em vista que o usufruto dos avanços em ciência e em tecnologia se dá no contexto de situações de geração de capital e de consumo de mercadorias. E o grande desafio que nossos professores de Ciências têm de enfrentar é o de lutar para que seus alunos não interiorizem a catastrófica idéia de que eles não são e não podem vir a se tornar agentes desse processo, jogadores desse intricado jogo, mas apenas peças suscetíveis, até mesmo, de serem excluídas do tabuleiro.

Considerações sobre a formatação do Novo Modo de Formação

Como ponto de partida para a elaboração de considerações sobre a configuração do F2, serão retomadas as questões formuladas no segundo capítulo, que giram em torno de alguns aspectos essenciais a serem privilegiados por um Novo Modo de Formação suscetível de corresponder ao contexto em que se situa o Novo Modo de Produção do Conhecimento. Tais questões são as seguintes:

1. Que equilíbrio estabelecer entre os modelos teóricos e os modelos pragmáticos para a abordagem curricular da ciência e da tecnologia?
2. Que estratégias permitiriam desmistificar a ciência e a tecnologia com os professores de Ciências para as séries inicias do ensino fundamental?
3. Que relações entre a ciência, a tecnologia e a sociedade deveriam ser veiculadas nos cursos de formação de professores de Ciências, na perspectiva de que eles avancem no processo do Letramento Científico e Tecnológico?
4. Que relações estabelecer entre os diferentes campos de saber que contextualizam e delimitam a ciência e a tecnologia?
5. Como construir cursos de Ciências nos quais a ciência e a tecnologia sejam vistos de modo menos hermético?
6. Como fazer evoluir as posturas dos professores com relação ao conhecimento científico e tecnológico?
7. Que relações devem estabelecer os professores de Ciências com a formação científica recebida na Universidade?

Essas questões colocam em evidência a problemática de se desenhar um modelo de formação científica e tecnológica que combata a manutenção de visões imprecisas, de forma que seja rompido o círculo vicioso ao qual se faz referência logo na introdução deste trabalho, a fim de que os novos quadros formados para atuar na escola de ensino fundamental possam estar direcionados para funcionar nas premissas do Novo Modo de Produção do Conhecimento.

Conforme abordado no segundo capítulo, a formação de professores de Ciências vem sendo vista como crucial para apoiar o desenvolvimento científico e tecnológico das nações desde o início da Guerra Fria. No entanto, pouco se tem avançado na formulação de programas de formação docente que sejam efetivamente coerentes, tendo em vista o feérico avanço da sociedade, a emergência e a interferência das tecnologias de comunicação e informação e a potencialização do processo de globalização. Neste sentido, Carvalho e Gil-Perez (1993) mencionam que:

> Quando se solicita a um professor em formação ou em exercício que expresse sua opinião sobre "o que nós, professores de Ciências, deveríamos conhecer – em um sentido mais amplo de 'saber' e 'saber fazer' – para podermos desempenhar nossa tarefa e abordar de forma satisfatória os problemas que esta nos propõe", as respostas são, em geral, bastante pobres e não incluem muitos dos conhecimentos que a pesquisa destaca hoje como fundamentais (p. 14).

O debate sobre a formatação adequada para a formação do professor de Ciências tem se mostrado bastante complexo e não tem necessariamente avançado nas últimas décadas. A Sociologia do Conhecimento Científico e Tecnológico, na medida em que avança na identificação do modo de funcionamento da sociedade contemporânea em termos da produção de ciência e de tecnologia, pode contribuir para este debate, tornando-o interdisciplinar por natureza, tendo em vista que ele foge ao escopo único do problema educativo, para avançar na forma de um problema com dimensões sociológicas, filosóficas, econômicas, políticas e administrativas.

Na perspectiva de colaborar para o debate, e tendo em vista a abordagem gibboniana adotada nesta tese e as representações evidenciadas pelos estudantes de Pedagogia, gostaríamos de retomar cada uma das sete questões enumeradas, procurando traçar paralelos entre o F1 (o Modo Tradicional de Formação) e o F2 (o Novo Modo de Formação).

Inicialmente, com relação à primeira questão, constata-se que o equilíbrio entre teoria e prática na abordagem curricular de ciências e tecnologia implica o rompimento com a idéia de que o cidadão comum não pode participar e não tem acesso ao movimento científico e tecnológico, representação tão evidente nas verbalizações coletadas. Trata-se de um aspecto importante, especialmente se considerar o que foi mencionado logo no início do trabalho, à p. 12: A instauração do M2 articula-se portanto em torno do aumento da capacidade da sociedade como um todo para produzir e utilizar ciência e tecnologia, o que, por sua vez, implica maior compartilhamento do conhecimento e uma "reinvençao" das relações educativas. Isto me parece verdadeiro e necessário tanto no âmbito do meio acadêmico quanto no da escola de ensino fundamental. A figura 2 ilustra esta evolução.

FIGURA 2
Evolução dos modelos teóricos e pragmáticos no ensino de Ciências

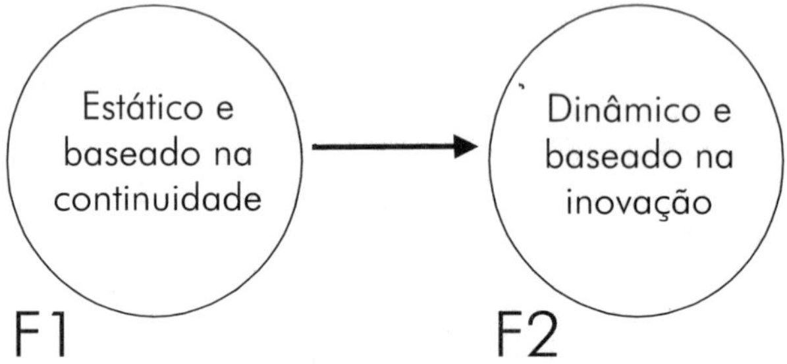

A figura evidencia que as relações educativas tradicionais têm suas bases alicerçadas em torno da continuidade e da natureza "estática" dos conhecimentos, sumariamente apresentados em materiais didáticos (livros, filmes, *softwares*) que perpetuam tais representações sociais com os professores em formação e em exercício. Contudo, relações educativas coerentes com as novas tendências deverão ser conduzidas na direção da inovação, do dinamismo do conhecimento e da ação docente, o que implica processos contínuos e continuados de aprendizagem. Só desta forma, creio eu, modelos teóricos e empíricos de ciência e tecnologia poderão ser percebidos como passíveis de diferentes articulações, leituras e aplicações, profundamente dependentes da dinâmica social – da qual todos nós fazemos parte – e, principalmente, de seus bastidores.

Já no que diz respeito à segunda questão, que também avança na sugestão de uma pista de pesquisa que parece consistente, é necessário considerar que a desmistificação da ciência e da tecnologia com os professores de Ciências está fortemente ancorada na mencionada reinvenção das relações educativas, especialmente no âmbito do meio acadêmico. De fato, cabe a este último, como *locus* de formação docente, comprometer-se, autonomamente, com o oferecimento de uma formação científica e tecnológica que coloque em evidência o respeito a necessidades sociais efetivas, a promoção do desenvolvimento sustentável e a consideração de que arenas transepistêmicas compõem o tabuleiro de xadrez em que a ciência e a tecnologia são produzidas.

Neste sentido, está claro que a migração de F1 para F2 precisa estar alicerçada na evolução de abordagens tradicionais de formação docente de natureza condutivista, que contemplam cada "saber" ou "saber fazer" como algo que se pode adquirir com um treinamento específico proporcionado de fora (Carvalho e Gil-Perez, 1993) e reprodutivistas, voltadas para a transmissão sistemática, acrítica e estática dos conhecimentos. Igualmente, como indicam as autoras citadas, precisam de superação as idéias essencialistas que propõem que um bom professor de Ciências "nasce" como tal, desarticulando programas mais amplos de formação de professores para atuação nesta área do conhecimento. Em contraposição, o M2 acena com as possibilidades da abordagem construtivista, que estabelece interações entre os diferentes atores da produção de ciência e tecnologia e que humaniza este processo, evidenciando suas dimensões cognitivas e sociais. A Figura 3 sintetiza este movimento de migração:

FIGURA 3
Evolução de abordagens didáticas no ensino de Ciências

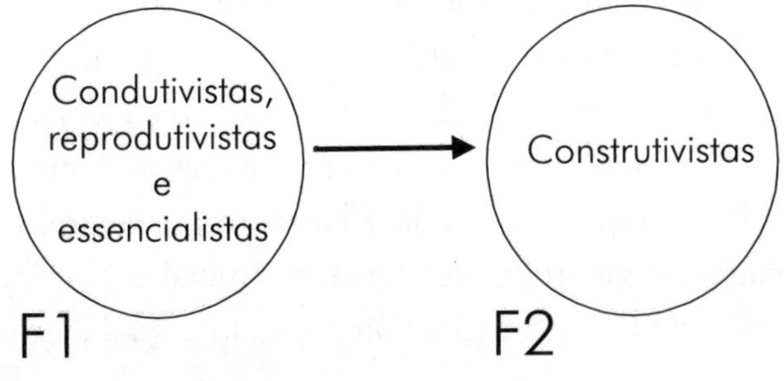

Esta evolução de abordagens didáticas na formação de professores de Ciências pode passar por diferentes aspectos, apontados pelas autoras citadas, alguns relacionados com fatores cognitivos (conhecimentos gerais sobre ciência e tecnologia) e outros relacionados com a própria atividade do profissional docente (avaliação, condução da classe, pesquisa). A insistência e a resistência de concepções simplistas e equivocadas acerca da ciência e da tecnologia, que resultam em um certo modo de abordá-las em meios escolares, correspondem, certamente, a um determinismo histórico profundamente relacionado com aspectos econômicos oriundos do modo de produção industrial, como bem explicita Gibbons em seus trabalhos. Tais concepções, pelo menos no que diz respeito à Ciência, foram abundantemente abordadas por Ausubel (1978), Krasilchik (1987), Aikenhead (1985) e muitos outros autores que apontam aspectos tais como a percepção de que a Ciência é um "mundo" fechado, que ela corresponde ao trabalho científico ou a ignorância de suas dimensões históricas e sociais, etc. É evidente, com base nos dados obtidos neste trabalho, que concepções acerca da tecnologia tenham natureza idêntica.

A terceira questão demanda uma reflexão sobre as relações entre a ciência, a tecnologia e a sociedade, nem sempre claras nas verbalizações coletadas nesta pesquisa. Esse é um aspecto crucial para que a formação docente avance na direção do M2. Na perspectiva contemporânea, toda formação científica alheia à sinergia existente entre estes três elementos é, de imediato, extemporânea. No entanto, dadas as representações evidenciadas, esta visão ainda é bastante incipiente, merecendo estratégias vigorosas de formação inicial e continuada de professores de Ciências. Concluindo, todo e qualquer modo de produção de conhecimentos científicos e tecnológicos alicerçado em indivíduos que não compreendem as inter-relações e as relações de causa e efeito entre o científico, o tecnológico e o social, é nocivo e compromete o próprio desenvolvimento sustentável. Uma série de aspectos, relacionados no segundo capítulo, evidenciam os conhecimentos importantes para fundamentar um Letramento Científico e Tecnológico e podem servir de parâmetro para a análise crítica de currículos acadêmicos de faculdades de educação, considerando-se os três eixos do movimento CTS, que foram discutidos no Capítulo 2: o eixo político-econômico, o eixo social e o eixo humanista.

A Figura 4 serve para ilustrar a evolução das relações entre a ciência, a tecnologia e a sociedade, de F1 para F2, evidenciando que no Modo Tradicional de Formação tais relações não são percebidas claramente, resultando em uma abordagem dicotomizada e dissociada, cujas repercussões nefastas podem ser constatadas com facilidade no mundo atual (poluição, degradação do meio ambiente, destruição da camada de ozônio, pobreza crônica, carência de alimentos para todos, violência e caos urbanos, analfabetismo, etc.). No entanto, a consideração das inter-relações em questão no âmbito do M2 pressupõe um modo de formação que considere a sinergia incontornável entre a ciência, a tecnologia e a sociedade, esta última manifestando-se tanto nas grandes instâncias decisórias, nos meios acadêmicos e industriais, quanto na sala de aula. A Figura 4 também evidencia a passagem de um F1 fundamentado em uma relação meramente extrativista entre os produtores de ciência e tecnologia para um F2 baseado em uma relação ecológica, que considera o ser humano como parte indissociável de um processo complexo cujo desequilíbrio pode ser irremediável.

FIGURA 4
Evolução das relações entre a ciência, a tecnologia e a sociedade

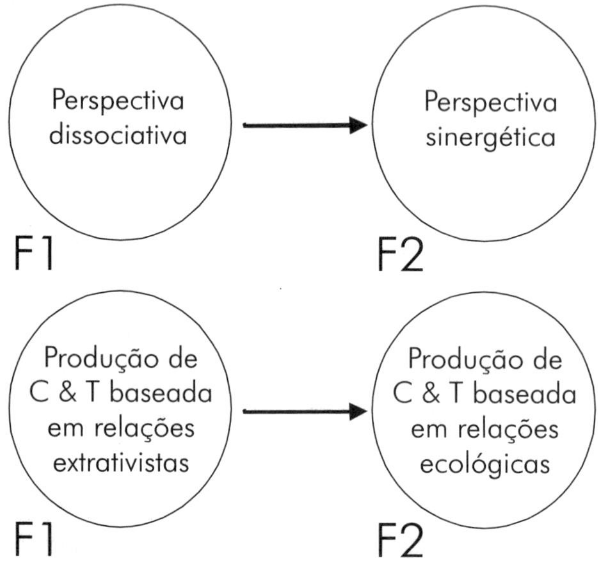

A quarta questão retoma a discussão em torno da evolução das abordagens didáticas para o ensino de Ciências e da necessária congruência entre diferentes campos de saber. Tal congruência é apontada por Gibbons como uma das bases do M2, resultado da intensificação dos meios de comunicação e de informação e do próprio processo de globalização. No entanto, no campo da educação em geral, o estabelecimento de ligações intrínsecas entre campos de conhecimentos distintos ainda é uma "caixa-preta" com raras incursões de sucesso. De fato, a interdisciplinaridade, apontado por inúmeros educadores como crucial para a adequação da escola às novas demandas sociais em termos de educação formal e não formal é "novidade" cujas dimensões ainda não foram completamente compreendidas. No contexto da transposição didática de conhecimentos, abordada no Capítulo 2, o saber do professor é delimitado como sendo um saber de intermediação e de regulação, construído pelo docente por meio de suas interações formais e informais com o meio social e com o conteúdo, na perspectiva de seus objetivos pedagógicos. No entanto, como articular um tal saber por meio da interconexão com outros saberes, permitindo sobretudo a reinvenção dos saberes, a construção e a reconstrução contínua de conhecimentos, o abandono de uma perspectiva unidisciplinar, mais próxima das premissas do F1, para uma perspectiva transdisciplinar, mais adequada ao Novo Modo de Produção de Conhecimentos? Eis uma questão que é na verdade uma exigência para garantir a passagem do F1 para o F2, explicitada por meio da Figura 5:

FIGURA 5
Evolução do modo de abordagem dos campos de conhecimento

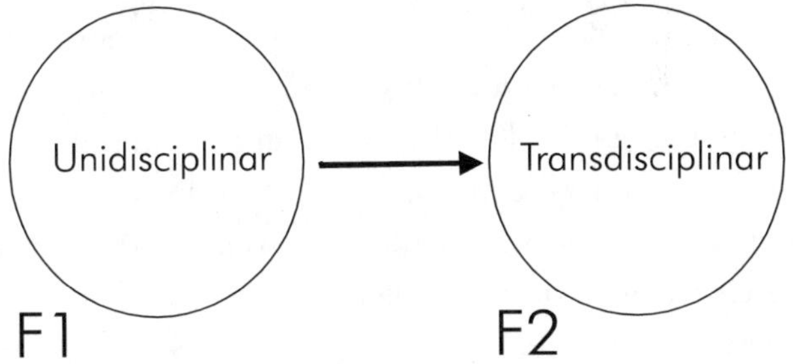

A passagem do unidisciplinar para o transdisciplinar implica também uma diversificação de espaços de interação com conhecimentos, antes concentrados unicamente na escola. A sociedade tecnológica abre espaços para que conhecimentos formais possam ser construídos em diferentes locais, inserindo a escola em uma rede de formação altamente integrada com o meio social e suas diferentes instâncias. É o que representa a Figura 6:

FIGURA 6

A evolução para a pluralidade de *locus* de formação

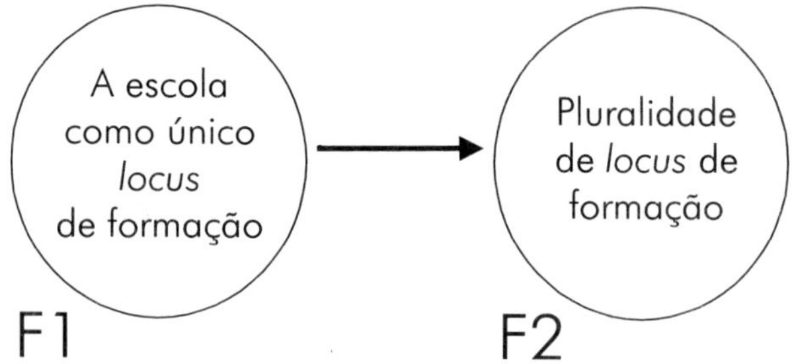

O combate ao hermetismo no ensino de Ciências e na compreensão da ciência e da tecnologia é um outro aspecto essencial para a migração do F1 para o F2, evocado na quinta questão. Este talvez seja um dos pontos mais críticos porque ele implica a modificação de posturas, arraigadas e transmitidas por meio do círculo vicioso tantas vezes apontado neste trabalho. As próprias representações dos estudantes de Pedagogia consultados por meio da Técnica do Grupo Nominal explicitam imediatamente tal percepção, que não pode ser ignorada por ter repercussões muito negativas na formação das novas gerações de cientistas e de tecnólogos.

Seria importante, portanto, que o F2 fosse construído com base em uma maior abertura para a compreensão do empreendimento científico e tecnológico da humanidade, do qual todos são herdeiros, para uma maior proximidade com questões ligadas a esses campos de conhecimento e com a idéia de que todo e qualquer conhecimento está sempre em processo de construção, seja ele coletivo ou individual.

FIGURA 7

Evolução das representações acerca de ciência e de tecnologia

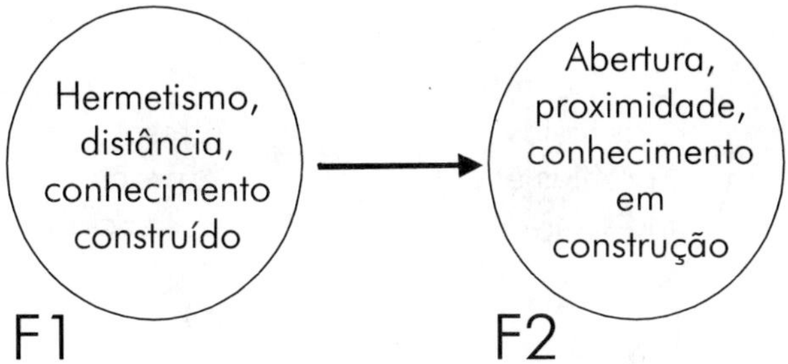

Esta questão tem uma relação estreita com a sexta, que diz respeito à mudança de postura, por parte dos professores, com relação ao conhecimento científico e tecnológico. Perceber a ciência e a tecnologia como sendo produtoras de respostas prontas e indiscutíveis aos problemas sociais corresponde a uma visão hermética que dissocia o fator humano do modo de produção vigente.[1] O F2 deve, portanto, ver nos problemas sociais a fonte e a inspiração do desenvolvimento científico e tecnológico, conforme indica a Figura 8, que é articulada em torno da evolução da compreensão da função social de C & T. Enfim, da mesma forma como não há conhecimento estático e construído de antemão, não poderia haver respostas definitivas e incontornáveis aos problemas sociais.

[1] Fourez (1995) aborda esta questão de modo interessante, procurando incrementar o debate com questões de ordem filosófica e ética. Trata-se do combate entre uma visão idealista e uma visão ideológica da ciência e da tecnologia.

FIGURA 8

Evolução da compreensão da função social da ciência e da tecnologia

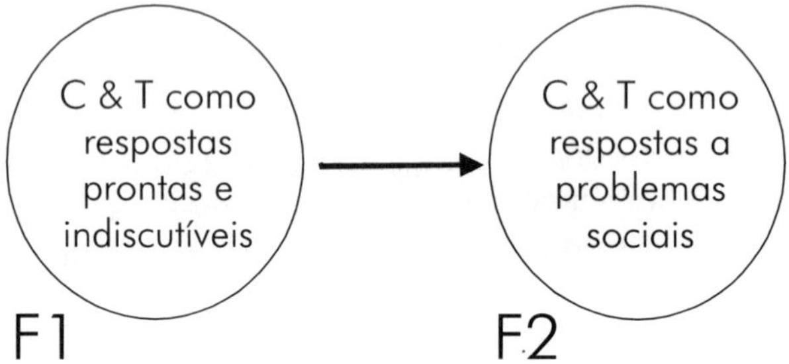

A sétima e última questão diz respeito à evolução da percepção da formação recebida no meio universitário. No F1, a formação universitária, considerada excelente por natureza e por tradição, corroborada pelas comunidades científicas, era percebida como o mecanismo definitivo de formação, necessário para a inserção e para a permanência no mercado de trabalho e, no caso aqui discutido, para uma atuação docente efetiva e eficaz, estática, inerte e normalmente impermeável às inovações nos diferentes campos de conhecimento. No entanto, a própria evolução dos conhecimentos, a mundialização dos processos produtivos, as sucessivas revoluções tecnológicas (Schaf, 1995) e o dinamismo comunicacional da sociedade atual (Castels, 2000) mostram, e com muita ênfase, que a formação universitária deve ser percebida como sendo uma formação inicial, suscetível de ser modificada, reestruturada pelo próprio indivíduo em função de inter-relações que ele estabelecerá, individualmente e no seio de novos grupos, com conhecimentos inéditos, com inovações científicas e tecnológicas, com a evolução de seu saber docente e de sua função na relação educativa. Esta característica do F2 é evocada na Figura 9, que evidencia a natureza evolutiva dos conhecimentos e a necessidade de uma eterna busca por novos conhecimentos, suscetíveis de melhor esclarecer as possibilidades e os limites da ciência e da tecnologia.

FIGURA 9

Evolução da dinâmica da formação do professor de Ciências

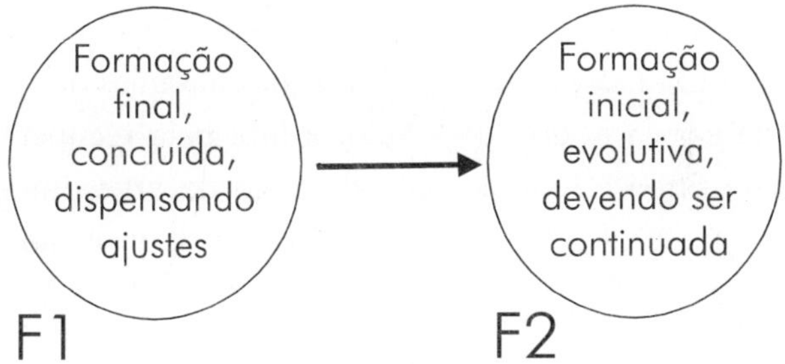

Enfim, quaisquer que sejam as considerações que permitiriam prosseguir nesta tentativa de formatação do Novo Modo de Formação, o que importa ressaltar é que sua emergência é incontornável e os sinais que o demandam são bastante visíveis. No entanto, nesta busca do compasso científico e tecnológico, a escola ainda tem papel meio nebuloso, pois é sabido que nenhum avanço é possível – sequer viável – sem uma qualificação adequada do corpo docente. Já é consenso que todo esforço e investimento em Letramento Científico e Tecnológico, para fornecer os resultados almejados, precisa estar devidamente enquadrado por uma política educacional consistente. E, neste barco, estamos todos à deriva. Mas como navegar é preciso, é crucial que tentemos avançar na concepção e na proposição de estratégias para que a abordagem da ciência e da tecnologia na formação docente para a escola fundamental seja coerente com os novos rumos da sociedade, tendo principalmente em vista que a grande maioria das iniciativas neste campo ocorre em meios acadêmicos e não encontra ressonância na outra ponta do sistema, isto é, no espaço escolar, na sala de aula, no cotidiano da escola. Enquanto isto, a população brasileira em geral, especialmente a classe trabalhadora, permanece a quilômetros de distância deste debate. Com 30 milhões de alunos no ensino básico e taxa de analfabetismo que só é inferior, na América Latina, à da Bolívia, o ensino público de nosso país procura se acertar entre o giz e o micro e precisa ser trabalhado em dois tempos: de um lado, a luta por condições mínimas de funcionamento da escola e, do outro lado, a luta pela recuperação do atraso científico e tecnológico por meio de investimentos de porte em qualificação inicial e continuada de profissionais docentes.

Conclusões

Ao longo do trabalho de pesquisa que deu forma ao estudo desenvolvido, procuramos subsidiar com dados empíricos a idéia de que, no campo da educação científica e tecnológica, o modo tradicional de formação (F1), desde o nível fundamental até o universitário, pode constituir-se em um dos empecilhos para a instauração do Novo Modo de Produção de Conhecimentos (M2).

O ponto de partida do trabalho foi delimitado em torno do surgimento gradativo de um Novo Modo de Produção do Conhecimento, chamado por Gibbons e outros (1994) de M2, que caracteriza a "Sociedade da Informação" (Lévy, 1999), e que é caracterizado pelos princípios do aumento da produção dos conhecimentos, da agregação de alto valor comercial ao conhecimento produzido, da heterogeneidade, da contextualização, da aplicabilidade, da responsabilidade social, da transdisciplinaridade, da instrumentação e da reflexibilidade. Para melhor articular a idéia do surgimento do M2, estabelecemos paralelos com abordagens teóricas de outros autores, como foi o caso da teoria da "Tripla Hélice", formulada por Etzkowitz e Leydersdoff (1987; 1988), teoria esta que, segundo nossa visão, corresponde a mais significativa expressão do M2: a articulação entre a universidade, a indústria e o governo para fomentar a produção científica e tecnológica, a partir de novas bases de cooperação e interação.

Neste contexto, o Letramento Científico e Tecnológico (LCT), promovido a partir do ensino fundamental, é peça fundamental, capaz de manter em evidência a dimensão social da ciência e da tecnologia, tendo em vista que um dos princípios fundamentais do M2 está associado à responsabilidade social dos produtores de C & T, e também dos seus consumidores.

A pesquisa então desenhada foi caracterizada como sendo um estudo de representações de professores de Ciências do ensino fundamental acerca da ciência e da tecnologia, tendo como suporte teórico-metodológico o conceito de representação social, formulado por Serge Moscovici. Para avançar neste estudo de representações, servimo-nos de duas técnicas de coletas de dados, que julgamos adequadas para explicitar pontos de vista de futuros pedagogos acerca da ciência e da tecnologia. Primeiramente, utilizamos a Técnica do Grupo Nominal (TGN), proposta por Delbecq e Van de Ven (1975), para subsidiar a explicitação, a análise e a avaliação de verbalizações. Apesar das limitações da TGN, claramente evidenciadas no trabalho, esta técnica foi aplicada a um grupo de doze alunos do curso de Licenciatura em Pedagogia da Faculdade de Educação da Universidade de Brasília, que elaboraram uma extensiva lista de proposições sobre o que pensam acerca de C & T.

Os dados obtidos confirmam a hipótese de trabalho inicialmente formulada, que previa que os professores de Ciências do ensino fundamental, por não conhecerem o jogo da produção e da difusão da ciência e da tecnologia, desenvolvem representações ingênuas e imprecisas sobre o conhecimento científico e tecnológico, não estando, em princípio, em condições de promoverem relações educativas sobre C & T em consonância com as premissas propostas para o Novo Modo de Produção dos conhecimentos. Dentre as conclusões formuladas, destacam-se:

1. Há deficiências importantes no Letramento Científico e Tecnológico dos futuros pedagogos, que atuarão como professores de Ciências com crianças em fase de início de escolarização.
2. Nenhum indício pode ser apontado acerca da existência da compreensão de que a produção do conhecimento científico e tecnológico é um processo socialmente distribuído em diferentes foros e sob a responsabilidade de diferentes grupos sociais, incluindo o grande público.
3. Os futuros pedagogos consideram-se bastante distanciados das instâncias produtoras de C & T, o que pode reforçar posicionamentos herméticos, mistificadores e alienantes.
4. As posturas dos futuros professores permanecem centradas em um Modo Tradicional de Produção (M1), para o qual um Modo Tradicional de Formação (F1) seria suficiente.
5. A formação universitária recebida pelo público-alvo da pesquisa parece deixar lacunas importantes em termos da compreensão dos avanços teórico-conceituais sobre a produção de conhecimentos.
6. Os esforços que têm sido feitos no sentido de se desmistificar a ciência, a tecnologia e seu processo de produção com os professores de Ciências das séries iniciais do ensino fundamental não têm surtido o efeito desejado e necessário para engajar o profissional docente em questão na chamada "virada epistemológica" por que passa o processo de produção de conhecimentos, conduzindo-o à compreensão de que a produção científico-tecnológica e a aplicação de seus resultados são ações que perpassam a própria humanidade e seu projeto de existência e de persistência, envolvendo dimensões acadêmicas, políticas e industriais que precisam ser explicitadas, conhecidas, exploradas sob pena de avançar-

mos às cegas e obliterados rumo a uma sociedade altamente tecnocrática.

7. Os futuros pedagogos não são suficientemente aparelhados em termos de conhecimentos científicos e tecnológicos formais, estando inseridos em um ciclo vicioso de formação inadequada em C & T, que se inicia no ensino fundamental e avança até o ensino superior.

Tendo em vista o exposto e as conclusões obtidas, e também que os processos educativos de construção de conhecimentos científicos e tecnológicos devem se aproximar mais e mais dos processos industriais e acadêmicos de produção de ciência e de tecnologia, considerando-se principalmente que estes últimos tendem a se tornar cada vez mais dinâmicos, velozes e fugazes, acredita-se que a principal contribuição do estudo está situada na explicitação de um problema real e pouco abordado tanto no contexto de pequisas em educação quanto no de pesquisas em Sociologia da Educação ou do conhecimento científico e tecnológico. A compreensão de que o sistema de formação em ciência e tecnologia apresenta problemas em sua base, isto é, no nível do ensino fundamental, problemas esses relacionados com a inadequação da formação dos professores, é bastante importante até mesmo para a elaboração de políticas públicas de formação docente e para influenciar na revisão de propostas curriculares. Evidentemente, o debate está apenas aberto. Outros estudos são necessários para que a problemática seja vista sob outros ângulos, perspectivas e quadros teóricos.

Sugestões de novos estudos nessa área vão desde a elucidação do papel das ONGs no processo de produção de ciência e tecnologia até a compreensão das modificações no fluxo de informações por meio da História e sua influência no estabelecimento de novos modos de produção de C & T. Desde o estabelecimento de correlações entre modelos curriculares de formação docente e representações de professores até a comparação de representações de docentes e discentes acerca de conceitos científicos e tecnológicos. Desde um refinamento da compreensão do processo da transposição didática de conhecimentos em ciência e tecnologia até a estudos de elucidação da dinâmica de construção de conhecimentos que ocorre em classes de ciências. Também há lacunas no que diz respeito a estudos sobre as repercussões da formação científica e tecnológica do ensino fundamental nos níveis subseqüentes (ensino médio e ensino superior) e sobre a formatação do Novo Modo de Formação identificado no estudo. Como se vê, trata-se de um conhecimento em plena construção, capaz, a nosso ver, de colaborar para que o País avance de seu 43º lugar no índice de avanço científico e tecnológico da ONU, atrás de países como a Tailândia e o Panamá.

Referências bibliográficas

AIKENHEAD, G. S. Collective decision making in the social context of science. *Science Education*, 69, v. 4, p. 453-475, 1985.

ALVES-MAZZOTI, A. J. Representações sociais: desenvolvimentos atuais e aplicações à Educação. In: CANDAU, V. M. (Org.). *Linguagens, espaços e tempos no ensinar e aprender (Anais do X Encontro Nacional de Didática e Prática de Ensino)*, p. 57-73. Rio de Janeiro: DP&A, 2000.

ANDRADE, A. de C. Ciência e tecnologia: condição para o desenvolvimento. *Correio Braziliense*, Brasília, 16 de abril de 2000, p. 30, 2000.

ANDRADE, M. A. A. *As representações sociais da política*: por uma redefinição do conceito de cultura política. Tese (Doutorado em Sociologia) Universidade de Brasília, Brasília, 1995.

AUGÉ, M. *Os não-lugares*. São Paulo: UNESP, 1994.

AUSUBEL, D. P. *Psicología cognitiva*: un punto de vista cognoscitivo. Mexico: Trilhas, 1978.

BARBIERI, J. C. *Produção e transferência de tecnologia*. São Paulo: Ática, 1990.

BARROS, F. A. F. Os avanços da tecnociência, seus efeitos na sociedade contemporânea e repercussões no contexto brasileiro. In: BAUMGARTEM, M. A *era do conhecimento*: matrix ou Ágora?. Porto Alegre: Editora da UFRGS. p. 73-87, 2001.

BERNARD, H.; CYR, J.-F.; FONTAINE, F. *L'apprentissage expérientiel*. Universidade de Montréal: Serviço Pedagógico, 1981.

BERTHELOT, M. *La conception de la fonction sociale de la science chez les enseignants québécois des sciences du secondaire et du collégial*. Rapport de recherche. Université Laval, Québec, Canadá, 1987.

BIJKER, W. E. The social construction of Bakelite: toward a theory of invention. In: KNORR-CETINA, K. D. *The social Construction of technological systems*. Boston: Massachusetts Institute of Technology. 1987. p. 159-187.

BIZZO, N. *Ciências:* fácil ou difícil? São Paulo: Ática, 2001.

BOYLE, C.; WHEALE, P. Introduction. In: BOYLE, C.; Wheale, P.; Sturgess, B. *People, science and technology, a guide to Advanced Industrial Society*. Somerset: The Harvester Press, 1984. p. 1-10.

BRADBURY, M.; McFARLAND, J. O nome e a natureza do modernismo. In: BRADBURY, M.; McFARLANE, J. *Modernismo guia geral*. São Paulo: Companhia das Letras. 1989. p. 13-42,

BRANSFORD, J. D.; STEIN, B. S. *The ideal problem solver*. Nova York: Feeman, 1984.

BRASIL DESPERDIÇA CONQUISTA INÉDITA. *Folha de S. Paulo*. São Paulo, 18 jun., 2000.

BRUZZI, R. C. V. *High school teacher's beliefs and practices about science life-world connections, and the teaching learning process*. Tese (Doutorado) The Pennsylvania State University, Departamento de Currículo e Instrução, 1995.

BRUZZI, R. C. V.; LACERDA SANTOS, G. *Uma abordagem histórico-crítica da ciência e da tecnologia como estratégia para a alfabetização científica e tecnológica*. Projeto de Pesquisa. Brasília: Faculdade de Educação da Universidade de Brasília, 1997.

CALLON, M. Society in the making: the study of technology as a tool for sociological analysis. In: KNORR-CETINA, K. D. *The social construction of technological systems*. Boston: Massachusetts Institute of Technology, 1987. p. 83-103.

CARVALHO, A. M. P.; GIL-PÉREZ, D. *Formação de professores de Ciências*: tendências e inovações. São Paulo: Cortez, 1993.

CASTELLS, M. *A sociedade em rede*. Rio de Janeiro: Paz e Terra, 2000.

CHALMERS, A. *A fabricação da ciência*. São Paulo. UNESP, 1986.

CHEVALLARD, Y. *La transposition didactique du savoir savant au savoir enseigné*. Grenoble (França): La Pensée Sauvage, 1991.

CIENTISTAS DE PIRES NA MÃO. *Correio Braziliense*. Brasília. Entrevista de Lauro Morhy ao jornalista Rodrigo Caetano. 2 jun., 2000.

CLARK, B. *The academic profession*: national, disciplinary and institutional settings. Berkeley: University of California Press, 1996.

CONSELHO NACIONAL DE PESQUISAS. *A história da institucionalização da pesquisa no Brasil*. Publicação elaborada por ocasião da comemoração do cinqüentenário do CNPq. Brasília: LINK, 2001.

CONSTANT II, E. W. The social locus of technological practice: community, system, or organization? In: KNORR-CETINA, K. D. *The social construction of technological Systems*. Boston: Massachusetts Institute of Technology, 1987. p. 223-242.

COUTINHO, A. R. Cientificidade e relevância social I: controvérsias sobre a cientificidade da Psicologia e das Ciências Sociais. *Psicologia:* teoria e pesquisa. v. 12, nº 1, p. 23-37, 1996.

CRONIN-JONES, L. L. Science teaching biliefs and their influence on curriculum implementation: two case studies. *Journal of Research in Science Teaching*, 38(3), p. 235-250, 1991.

DAUSTER, T. Representações sociais e educação. In: CANDAU, V. M. (Org.). *Linguagens, espaços e tempos no ensinar e aprender – (Anais do X Encontro Nacional de Didática e Prática de Ensino)*, p. 49-56. Rio de Janeiro: DP&A, 2000.

DELBECQ, A. L.; VAN DE VEN, A. H. *Group techniques for program planning. A guide to nominal and delphi process*. Boston: Scot, Foresman and Company, 1975.

DÉSAUTELS, J.; LAROCHELLE, M. *L'enseignement des sciences*. Québec (Canadá): Les Presses de l'Université Laval, 1995.

DÉSAUTELS, J.; LAROCHELLE, M.; GAGNÉ, B.; RUEL, F. La formation à l'enseignement des sciences: le virage épistémologique. *Didaskalia*, 1, p. 49-67, 1993.

DURKHEIM, E. As regras do método sociológico. *Os pensadores:* Durkheim. São Paulo: Abril Cultural, 1978.

ÉBOLI, M. *Gestão do conhecimento como vantagem competitiva. Anais do 2º Seminário Nacional de Educação Corporativa*. São Paulo: Universidade de São Paulo, 1999. p. 107-122.

ETZKOWITZ, H.; LEYDERSDOFF, L. Introduction to special issue on science policy dimensions of the Triple Helix of university-industry-government relations. *Science and Public Policy*, v. 24, n. 1, editorial, 1998.

————. The future location of research: a Triple Helix of university-industry-government relations. *EASST Review* 15, p. 20-25, 1988.

FICHMANN, R. O Brasil na capa da nature. *Correio Braziliense*, 17 jul., Brasília, 2000.

FIGUEIREDO, V. *Produção social da tecnologia*. São Paulo: EPU, 1989.

FOUREZ, G. *A construção das ciências:* introdução à Filosofia e à ética das ciências. São Paulo: UNESP, 1995.

FRANKLIN, V. Le *nouvel ordre technologique*. Paris: Bellarmin, 1995.

FUITE DE CERVEAUX: MÉNACE POUR LES PAYS PAUVRES. *Libération*. Paris (França), 16 jun. 2000.

GALBRAITH, J. K. *The new industrial state*. Harmondsworth: Penguin, 1974.

GIBBONS, M.; JOHNSTON, R. The roles of science in technological innovation. *Research Policy*, v. 3, p. 220-242, 1974.

GIBBONS, M.; LIMOGES, C.; NOWORTY, H.; SCHWARTZMAN, S.; SCOTT, P.; TROW, M. *The new production of knowledge*: the dynamics of science and research in the contemporary societies. Londres: Sage, 1994.

GIDDENS, A. *Política, sociologia e teoria social*: encontros com o pensamento social clássico e contemporâneo. São Paulo: UNESP, 1998.

GILL, G. S.; GAGNON, R. *Pour un enseignement intégré de la science et de la technologie*. Paris: UNESCO, 1988.

GUILBERT, L.; MELOCHE, D. L'idée de science chez les enseignants en formation: un lien entre l'histoire des sciences et l'hétérogénéité de visions? *Didaskalia*, 2, p. 7-30, 1993.

HABERMAS, J. *La technique et la science comme idéologie*. Paris: Gallimard, 1999.

HAGUETTE, T. M. F. Universidade: nos bastidores da produção do conhecimento. *Revista Brasileira de Estudos Pedagógicos*, v. 75, n. 179/180/181, p. 157-169. Brasília: INEP, 1995.

HAMBURGER, E. W.; MATOS, C. *O desafio de ensinar ciências no século XXI*. São Paulo: EDUSP, 2001.

HOBSBAWN, E. *A era dos extremos*. São Paulo: Companhia das Letras, 1995.

HUGHES, T. P. The evolution of large technological systems. In: KNORR-CETINA, K. D. *The social construction of technological systems*. Boston: Massachusetts Institute of Technology, 1987. p. 51-82.

HURD, P. D. Closing the educational gaps between science, technology and society. *Theory into Practice*, Vol. XXX, 4, Autumn, 1991.

JAMESON, F. *Pós-modernismo. A lógica cultural do capitalismo tardio*. São Paulo: Ática, 1991.

JODELET, D. Réflexions sur le traitement de la notion de représentation sociale en psychologie sociale. *Communication Information*, 6 (21-23): 15-42, 1984.

————. Représentation sociale: phénomène, concept et théorie. In: MOSCOVICI, S. (Dir.). *Psychologie sociale*. Paris: PUF, 1991.

KLEIMAN, A. B. Modelo de letramento e as práticas de alfabetização na escola. In: KLEIMAN, A. B. (Org.). *Os significados do letramento*: uma nova perspectiva sobre a prática social da escrita. Campinas: Mercado de Letras, p. 15-61, 1995.

KNORR-CETINA, K. *The manufacture of knowledge*: an essay on the constructivist and contextual nature of science. Oxford: Pergaman Press, 1981.

————. Scientific comunities or transepistemic arenas of research? A critique of quasi economic models of science. *Social Studies of Science*, 12, p. 101-130, 1982.

KOCKA, J. Objeto, conceito e interesse. In: GERTZ, R. (Org.). *Max Weber e Karl Marx*, São Paulo: Hucitec, 1997. p. 32-69.

KOLB, D. A. *Experiential learning: experience as the source of learning and development*. Englewood Cliff, NJ: Prentice-Hall, 1984.

KRASILCHIK, M. *O professor e o currículo de ciências*. São Paulo: Edusp, 1987.

LACERDA SANTOS, G. *As representações de professores de ciências sobre a tecnologia*. (*Anais do IV Congresso de Iniciação científica da Universidade de Brasília*). Brasília: Universidade de Brasília, 1997.

————. Ciência, tecnologia e sociedade. *ADVIR*, *Revista da Associação dos Docentes da Universidade do Estado do Rio de Janeiro*, edição especial sobre Ciência e Tecnologia, p. 37-47, 1998.

LATOUR, B. *Ciência em ação*. São Paulo: Unesp, 2000.

LATOUR, B.; WOLGAR, S. *A vida de laboratório*. Rio de Janeiro: Relume-Dumará, 1997.

LAVILLE, D.; DIONNE, J. *A construção do saber*: manual de metodologia de pesquisa em Ciências Sociais. Porto Alegre: Artes Médicas, 1998.

LAW, J. Technology and heterogeneous engineering: The case of portuguese expansion. In: KNORR-CETINA, K. D. *The social construction of technological systems*. Boston: Massachusetts Institute of Technology, 1987. p. 104-134,

LÉVY, P. *Cibercultura*. São Paulo: Editora 34, 1999.

LIMA, F. B. *Ensino superior, ciência e tecnologia: concepções de ciência e de tecnologia de alunos formados da área de Ciências Exatas e Tecnologia da Universidade Federal do Rio Grande do Sul*. Tese (Doutorado). Campinas: Universidade de Campinas, 1985.

MACIEL, M. L. Inovação e conhecimento. In: SOBRAL, F.; MACIEL, M.; TRIGUEIRO, M. A *alavanca de Arquimedes*: ciência e tecnologia na virada do século. Brasília: Paralelo 15, 1997.

———. Transformações sociais, conhecimento e descentralização. In: SOBRAL, F. A. S.; PORTO, M. S. G. A *contemporaneidade brasileira*: dilemas e desafios para a imaginação sociológica, Santa Cruz do Sul (SC): EDUNISC, 2001. p. 84-90.

MALERBA, J. As representações numa abordagem transdisciplinar: ainda um problema indócil, porém mais bem equacionado. In: CARDOSO, C. F.; MALERBA, J. (Orgs.).

Representações: contribuição a um debate transdisciplinar, São Paulo: Papirus, 2000. p. 269-274.

MAST – Museu de Astronomia e Ciências Afins. *O que o brasileiro pensa da ciência e da tecnologia?* Pesquisa realizada pelo Instituto Gallup de Opinião Pública. Rio de Janeiro: MAST, 1987.

MAY, W. T. What are the subjects of STS: really? *Theory into practice*. Vol. XXXI, n. 1, 1992.

McDERMOTT, L. C. A perspective on teacher preparation in physics – other sciences: the need for special science courses for teachers. *American Journal of Physics*, 58(8), p. 734-742, 1990.

McGINN, R. E. *Science, technology and society*. New Jersey: Prentice Hall, 1991.

MERTON, R. *Science, technology & society in Seventeenth Century*. Nova York: Howard Fertig, 1970.

MINISTÉRIO DA EDUCAÇÃO. *Parâmetros curriculares nacionais para o ensino fundamental*. Brasília (DF): Secretaria de Educação Básica, 1997.

————. *Enfrentar e vencer desafios*. Secretaria de Educação Superior, Brasília (DF): Secretaria de Educação Superior, 2000.

MORENO MARINON, M. Ciência y construcción del pensamiento. *Enseñanza de las Ciências*, 4(1), p. 57-63, 1986.

MORGAN, K. *Teacher and leadership education for scientific and technological literacy*, Fórum project 2000+, Unesco ED-93, julho, 1993.

MORHY, Lauro. Entrevista ao jornalista Rodrigo Caetano. Cientistas de Pires na Mão. *Correio Braziliense*. Brasília, 2 de julho de 2000, p. 21. 2000b

MORIN, E. *Science avec conscience*. Paris: Fayard, 1990.

MORRISON, K. *Marx, Durkheim and Weber:* Formations of modern social thought. Londres: Sage, 1995.

MOSCOVICI, S. *A representação social da psicanálise*. Rio de Janeiro: Zahar, 1978.

————. The phenomenon of social representations. In: FARR, M.; MOSCOVICI, S. (Eds.). *Social representations*. Cambridge: Cambridge University Press, 1984.

MUNHOZ, D. G. Para ajustar suas contas, governo corta verbas e esmaga o ensino. *UnBrevista*. Brasília, p. 8-9, jul. 2000. Edição especial.

ORR, D. W. *Ecological Literacy. Education and the transition to a posmodern world.* Nova York: State university of New York Press, 1992.

PATENTES E SEQÜÊNCIAS. *Correio Brazilienze*. Brasília. Entrevista de W. Uitdewilligen. 2 jun. 2000. 2000a.

PEREIRA, L. T. V.; BAZZO, W. A.; VON LISINGEN, I. *Em busca de uma nova formação.* (*Anais do XXVI Congresso Brasileiro de Engenharia*), p. 501-513. Florianópolis: UFSC, 1999.

PROJECT 2001: Benchmarks for science education. *American Association for the Advancement of Science.* Nova York: Oxford University Press, 1993.

RODRIGUES JÚNIOR, L. Sociologia do conhecimento: aspectos clássicos e contemporâneos. In: BAUMGARTEN, M. *A era do conhecimento:* matrix ou ágora? p. 21-44. Porto Alegre: Editora da UFRGS, 2001.

ROSENBERG, N. *Inside the black box*: technology and economics of industrial innovation. Harmondsworth: Penguin, 1982.

SÁ, C. P. *A construção do objeto de pesquisa em representações sociais*. Rio de Janeiro: EDUERJ, 2001.

SANTOS, M. *Por uma outra globalização*: do pensamento único à consciência universal. São Paulo: Record, 2000.

SANTOS, M.; SILVEIRA, M. L. *O Brasil:* território e sociedade no início do século XXI. São Paulo: Record, 2001.

SCHAFF, A. *A sociedade informática*. São Paulo: UNESP, 1995.

SCIENCE FOR ALL AMERICANS. American Association for the Advancement of Science, Washington (DC), 1989.

SOARES, M. B. *Letramento*: um tema e três gêneros. Belo Horizonte: Autêntica, 1998.

SOBRAL, F. A. F. Novas tendências do desenvolvimento científico e tecnológico. *Correio Brasiliense*, 18 de junho, 2000.
________. Educação para a competitividade ou para a cidadania social? *São Paulo em perspectiva: educação, estrutura e mudanças*, p. 3-11. São Paulo: Seade, 2001.

SOLTMAN, J. P. *L'alphabétisation scientifique et technologique pour le développement*. (*Anais do Fórum 2000+*), Paris: Unesco, 1993.

SOUSA SANTOS, B. *Pela mão de Alice:* o social e o político na pós-modernidade. São Paulo: Cortez, 2000.

TOURAINE, A. *Crítica da modernidade*. Petrópolis: Vozes, 1985.

TRIGUEIRO, M. Legitimação na produção científico-tecnológica. *Sociedade e estado*, Vol. VII, n°s 1 e 2, 1992.

———. O cientista e o político nas novas biotecnologias: um diálogo com Max Weber. In: SOBRAL, F.; TRIGUEIRO M. *Ciência e tecnologa na virada do século*. Brasília: Paralelo 15, 1997.

TRIGUEIRO, M.; FIGUEIREDO, V. O desenvolvimento científico-tecnológico atual, globalização e democratização: dilemas e perspectivas. In: SOBRAL, F.; MACIEL, M.; TRIGUEIRO, M. A *alavanca de Arquimedes*: Ciência e tecnologia na virada do século. Brasília: Paralelo 15, 1998.

VIDAL, E. M. *Alfabetização científica e tecnológica no ensino fundamental*: um estudo de caso em escolas de Fortaleza – CE. Tese (Doutorado) – Universidade Federal do Ceará, Faculdade de Educação, 2000.

WALKS, L. STS: Une nouvelle éthique de l'enseignement cientifique et technologique aux États-Unis. In: FOUREZ, G. (Ed.). *Construire une éthique de l'enseignement scientifique*. Namur (Belgique): Presses Universitaires de Namur, 1986.

WEBSTER, A. *Science, technology and society*. Nova Jersey: Rutgers, 1991.

WESTRUM, R. *Technologies and societies*: The shaping of people and things. California: Wadsworth, 1991.

YEARLEY, S. *Science, technology and social Change*. Londres: Unwin Kyman, 1988.